VIDA, MORTE E OUTROS DETALHES

BORIS FAUSTO

Vida, morte e outros detalhes

Copyright © 2021 by Boris Fausto

Grafia atualizada segundo o Acordo Ortográfico da Língua Portuguesa de 1990, que entrou em vigor no Brasil em 2009.

Capa
Alceu Nunes

Preparação
Leny Cordeiro

Revisão
Jane Pessoa
Carmen T. S. Costa

Dados Internacionais de Catalogação na Publicação (CIP)
(Câmara Brasileira do Livro, SP, Brasil)

Fausto, Boris
    Vida, morte e outros detalhes / Boris Fausto — 1ª ed. —
São Paulo : Companhia das Letras, 2021.

    ISBN 978-65-5921-333-7

    1. Ensaios brasileiros 2. Morte 3. Vida I. Título.

21-70778   CDD-B869.4

Índice para catálogo sistemático:
1. Ensaios : Literatura brasileira B869.4

Cibele Maria Dias – Bibliotecária – CRB-8/9427

[2021]
Todos os direitos desta edição reservados à
EDITORA SCHWARCZ S.A.
Rua Bandeira Paulista, 702, cj. 32
04532-002 — São Paulo — SP
Telefone: (11) 3707-3500
www.companhiadasletras.com.br
www.blogdacompanhia.com.br
facebook.com/companhiadasletras
instagram.com/companhiadasletras
twitter.com/cialetras

Para meu irmão Ruy,
in memoriam

Sumário

Palavras iniciais 11

A TRIBO 15

VIDA

Paisico 45
Paisico e o País das Maravilhas 46
As chaves perdidas 47
Afinidades 49
Crítica literária 50
Trocadilho: Casa dos Três Irmãos 51
O nome do relojoeiro 52
Bandeiras no fogo 53
Um mantra infalível 54
A vitória do mantra 59
Um mantra nacional 61
Confiar desconfiando 63

Que asno se murió? 65
Macumbeiros 67
Juros mortais 69
Derrota francesa 71
Saburu Kuruzu 72
Pergunta e resposta 74
Os favores de Lúcifer 75
Trote 79
A avenida Angélica e a rua Maranhão 81
O valor dá-se a quem tem 82
A lituana imponente 83
Frase inconveniente 85
História antiga 86
A viúva intocada 88
Autofalante 90
Questão de perspectiva 92
Um inglês colombiano 94
Café e algodão 97
Nossa rainha 99
Psicanálise 102
Mal-entendidos 103
O poeta ignorado 105
A cobra e o gaturamo 107
Narrativas concorrentes 109
Saudades de Czernowitz 112
A travessia de Simon 115
Aversão ao risco 119
A cidade eterna 124
A vingança do barbeiro 128
Briga de turcos 131
O camarada Posadas revisitado 133
Aposta eleitoral 135

Dentistas 137
Serviço perfeito 139
Falar turco 141
O terremoto de Izmir 142
Uma só palavra 143
Um historiador decepcionante 145
Um craque da bola 147

MORTE E IMORTALIDADE
Marketing macabro 151
O tempo e o vírus 152
Isolamento (maio de 2020) 154
A vida em quarentena e o Zoom 155
Diário não diário (17 de junho de 2020) 157
Facções diante do vírus (novembro de 2020) 159
Futebol e pandemia (dezembro de 2020) 162
Alegrias (ou tristezas) não pagam dívidas 167
O pátio andaluz 169
Verba volant 171
Cemitério 173
Túmulos e lápides 174
Poetas portuguesas 176
Criminosos de guerra (25 de janeiro de 2021) 178
Pensata na quarentena 179
Um título 180
O que é coesão? 181
Noventa anos 183
Outros noventa anos 184
Pais e filhos 185
A moça dos cabelos negros 187
Imortalidade 189

Agradecimentos 193

Palavras iniciais

Como nasceu este livro? Comecei a escrevê-lo a partir de um acontecimento pessoal ocorrido no início da pandemia do coronavírus: a morte, em Paris, do meu irmão filósofo — o Ruy.

Ele passara alguns meses em São Paulo e regressara à Europa, onde vivia, no mês de março de 2020. Ficou na dúvida, por um tempo, se deveria ou não voltar, temendo o contágio pelo vírus nos aeroportos ou durante o voo. Acabou se decidindo a partir, estimulado pela filha, também residente em Paris, e por mim. Viajara inquieto, mas seguro de que tomara a melhor decisão. Me telefonou na chegada, aliviado e contente, dizendo que agora não sairia de sua toca por um bom tempo até que a tempestade passasse.

A notícia de sua morte súbita, em 1º de maio, me colheu de surpresa. Ela inverteu novamente a ordem do que eu sempre chamei de "prateleira": os mais velhos vão na frente, o que deveria ser obedecido numa sequência de gerações a perder de vista. A primeira desordem fora introduzida pela morte do Nelson, que tinha o último lugar na prateleira dos irmãos. Agora, a segunda desordem demonstrava que nossas partidas tinham virado de cabeça para baixo, deixando-me por último, sem eu saber por que merecia essa contraditória atenção.

Nos últimos dois anos, Ruy e eu começamos a trocar e-mails cujo conteúdo dizia respeito a diálogos, frases soltas, situações referentes ao mundo da infância e da adolescência. Essa troca de mensagens foi muito além de uma brincadeira. Fragmentos de memória comum brotaram na comunicação, e em vez de aflorar uma absurda mas não impossível concorrência em torno de quem teria a memória mais ativa, saudávamos o parceiro quando vinha uma resposta a uma pergunta julgada difícil, por completar mais uma peça de nosso jogo de montar. Perguntas e respostas, encaminhadas por via eletrônica, nos divertiam muito, seja por reforçarem os laços de um nem sempre fácil relacionamento, seja por criarem uma atmosfera cooperativa, que deixava para trás uma longa competição. Esta dera lugar ao aplauso pela memória afiada.

Quando Ruy morreu, eu escrevi apenas o texto "Marketing macabro", com a intenção de não esquecer um fragmento tragicômico da vida cotidiana. A partir daquele momento, porém, senti a necessidade de escrever algo sobre sua morte e as relações familiares. Além disso, buscando manter um quê do traço lúdico do jogo de adivinhas, tratei de continuá-lo, sob a forma de pequenas histórias. Desse sentimento, nasceram o texto "A tribo", que abre o livro, e várias das "vinhetas" que o compõem.

Vida, morte e outros detalhes integra um conjunto de escritos dessa época tragicamente especial, cuja semelhança não é dada pelo gênero literário, mas pelas condições gerais de produção. O isolamento forçado pelo vírus levou muita gente que se dispõe a escrever a uma atitude básica; ou seja, como se tem dito, ocorreu uma volta sobre si mesmo, uma derrubada de barreiras psicológicas e racionalizações enganosas. Não por acaso, acentuou-se uma tendência anterior à pandemia no sentido de se escrever textos intimistas com menos reticências, por vezes sob a forma autobiográfica.

Ao mesmo tempo, a questão sem resposta da vida e da morte tornou-se central. De um lado, o falecimento de gente famosa, supostamente inviolável, ou de parentes e amigos deu à morte um caráter de proximidade apavorante. De outro, ocorreu sua banalização, quando milhares de vidas bem ou mal vividas se transformaram em números frios. Creio que, para escrevinhadores jovens, essa presença constante da morte resultou no fim da ilusão da imortalidade. Para os da quarta idade como eu, a distância até o fim da viagem se tornou ainda mais curta e nitidamente inexorável.

Da minha parte, a pandemia fez reviver o passado, que se tornou uma presença cotidiana, e me aproximou, ainda mais, de meu irmão Ruy pela via do divertimento. Sua morte inesperada e essa aproximação me impulsionaram a escrever este livro, passo a passo, sem um esquema prévio.

À medida que escrevia os primeiros textos, percebi que a escrita cumpria também uma função importante: ela me ajudava a preencher o tempo indefinido do confinamento à minha frente. Somava-se, assim, às numerosas leituras, séries televisivas, jogos de futebol, com que me distraía. Na verdade, por mais que essas atividades fossem um instrumento importante para enfrentar as apreensões e o tédio, brincar com as palavras tornou-se um desafio e um prazer de primeira ordem.

Seria *Vida, morte e outros detalhes* uma continuação de um livro anterior, *O brilho do bronze*? Sim e não. Os dois livros nasceram de circunstâncias penosas, com um intervalo de mais de dez anos: a morte de minha mulher, Cynira, e, mais recentemente, a morte de meu irmão Ruy. Além disso, ambos assumem em parte o estilo de histórias curtas, em torno de temas como a vida cotidiana, as lembranças familiares, os judeus sefaradis, o futebol, e por aí vai. Mas no livro atual fiz incursões no terreno da ficção, e introduzi novos temas, em especial o da pandemia — um pesadelo com o qual ninguém poderia sonhar em um tempo recente que, entretanto, parece a todos nós muito distante.

A TRIBO

Nossa mãe morreu em 1938, durante uma cirurgia desastrosa, e deixou três meninos que ela nunca viu crescer. Não sei como teria sido a vida com ela, mas tenho certeza de que seria bem melhor do que foi. A complicada casa da avenida Angélica, com múltiplos cuidados de minha tia Rebecca, mas sem açúcar e sem afeto, não existiria, e não nos faltaria a suavização dos desacertos entre irmãos, assim como a influência materna sobre um pai "neurastênico", como dizia o médico da família, que era um fracasso no campo da psicologia.

Muito cedo, suspeito que, em grande parte, pelo desaparecimento prematuro de nossa mãe, uma sensação de insegurança tomou conta de nós. Eu desenvolvi o terror do nada, que continua me assaltando ao longo da vida. Ruy elaborou o tema num belo texto, com o título de "Neurose crepuscular", que faz parte do livro *Lições de ética: Sol poente, arenque, sanduíches no "comptoir"*. Ele confere um sentido ecumênico ao terror, corporificando-o na iminência do fim do mundo. Transcrevo apenas suas primeiras linhas: "Quando eu era pequeno, tinha medo do fim do mundo. Não da morte (da tuberculose tinha medo sim, que eu era magrinho, e esta ainda era a doença hegemônica). Mas tinha medo principalmente do fim do mundo". Uma cena que Ruy reproduz nesse livro e eu guardei na memória é a do Júlio Jardineiro que, como bem diz o epíteto, conservava o jardim de casa. Numa sexta-feira à tarde, ao se despedir, Júlio disse a nossa tia Rebecca que, excepcionalmente, voltaria na segunda-feira, caso não houvesse problemas com a entrega da terra. Meu irmão entendeu como queria entender. Não se tratava de saber se a terra nova, destinada à cobertura da grama do jardim, teria sido entregue. O que o jardineiro dissera encerrava uma possibilidade terrível: "Até segunda-feira, d. Rebecca, se não acontecer ameaça à terra". Não adiantava que a Ia — babá do Nelson, meu outro irmão — ponderasse sabiamente: "Deus não deixa acontecer", porque Ruy já dava sinais de mergulhar na descrença.

Nunca abordei com o Nelson o problema angustiante da finitude, mas ele me deu uma pista em certa ocasião:

— Não tenho terror do vazio, nem do fim da existência. Eu só tenho medo de que me enterrem vivo, ao constatarem, por engano, que estou morto.

Não ouso ir a fundo na interpretação, mas sugiro haver uma distância entre as três posições: mais metafísicas as duas primeiras; mais terra a terra a última, quem sabe tendo a ver com a opção do Nelson pela medicina. Ao longo dos anos, diante de um mundo que encarávamos como hostil, reforçaram-se as relações dos três porquinhos, como alguns costumavam nos chamar. Era uma boa etiqueta, melhor do que sermos lembrados como os três órfãos, vítimas de um infortúnio, como às vezes ouvíamos dizer, em conversas descuidadas dos adultos.

Entretanto, seria ilusório imaginar que a aliança fraterna não tivesse fissuras e mesmo fraturas. Sem que eu tivesse consciência, a raiva que Ruy deve ter sentido de mim como irmão mais velho teria correspondência à minha raiva quando ele nasceu, quatro anos depois de mim, roubando-me a exclusividade do amor de nossos pais. Mais ainda, porque sua saúde correu sérios riscos nos primeiros meses de vida, quando foi vítima de pneumonia, num mundo sem antibióticos, exigindo toda a atenção e cuidados.

Mais um fim de semana de quarentena por atravessar, que começa por este sábado silencioso, de um ofuscante céu claro. A memória do Ruy chega nitidamente, numa fotografia que nunca envelheceu. Ele aparece na adolescência, em posição de retrato posado, olhar brilhante, sorriso discreto, um rosto feliz. Está sentado na sua autobike, espécie de minimotocicleta, com a qual percorria as ruas de São Paulo, em frente à casa dos tios Isaac e Esther, na rua Traipu. Lá, Ruy passava dias seguidos e se sentia à vontade, longe das relações complicadas da avenida Angélica.

A pior fratura, no relacionamento com os irmãos, foi para mim a violência simbólica que desencadeei contra o Nelson, tendo como aliado o Ruy. Quando tentei fazer um mea-culpa em sessões de psicanálise, a analista me absolveu prematuramente, ponderando que a família me jogara nas costas o fardo de tomar conta de meus irmãos, algo muito acima das minhas possibilidades. Foi bom ela ressaltar essa circunstância atenuante, mas considero exagerada a absolvição pura e simples.

Creio ter sido eu quem deu ao Nelson o apelido de Gordo, acrescido de um sobrenome que lhe conferia certa dignidade. Gordo López era um mexicano de *sombrero* e roupas típicas, personagem de uma história em quadrinhos do *Suplemento Juvenil*, editado nos anos 1940, por Adolfo Aizen, que alguns consideram o introdutor da indústria de quadrinhos no Brasil. O apelido de meu irmão se devia ao fato de, sem ser obeso, ter desenvolvido "boinhas" nos quadris, que faltavam a seus irmãos magrelas. Tão logo tive consciência da maldade, arquivei o apelido, mas o Ruy continuou a usá-lo por algum tempo, talvez por não ver nele o mal que eu percebera.

Outro apelido era o de Nils, inspirado dessa vez em Niels Christian Christensen, espião nazista que desembarcou em Santos em 1941, para construir uma poderosa estação de rádio e levantar dados sobre navios que chegavam ao porto. O apelido pegou. Quando eu quis voltar a Nelson, o nome me pareceu formal e distante, como se dissesse respeito a outra pessoa.

Não fui o único da família a visar o Nelson. De forma sutil ou direta, havia certo prazer em atingi-lo, por ser o caçula e o membro mais vulnerável da tribo. Desde os primeiros anos de vida, Nelson falava muito — um bom indício de que ele, ao menos, não se isolava do mundo —, mas custava a se alfabetizar. O tio Paisico, marido da tia Rebecca, costumava então ironizar:

— Fala, fala, mas abecê que é bom, nada.

Mais ameno, ao ver meu irmão absorvido nos estudos, anos mais tarde, meu pai lançava a dúvida:

— Nelsinho, você está pegando alguma coisa?

Quando adultos, tive uma conversa com Nelson sobre os tempos da avenida Angélica e lhe disse que, bem ou mal, ele tivera o afeto da Ia, sua babá, enquanto eu e Ruy não alcançáramos o carinho de ninguém, pois o descontrolado carinho paterno só nos perturbava. Para minha surpresa, ele respondeu que a Ia, pelo contrário, era fonte de mais aborrecimentos. Segundo ele, seus cuidados não se assemelhavam em nada ao afeto materno, e só provocavam a inveja fraterna por aquele suposto tratamento especial.

De que forma Nelson enfrentou as vicissitudes de infância é uma questão que só ele poderia responder. Mas tudo indica que ele não superou as marcas dessa suposta "doce idade", cantada outrora por poetas e poetastros. Sempre se referiu à casa da avenida Angélica como "aquele inferno", embora hesitasse em me criticar pelas "proezas" do passado. Um dado significativo se encontra num relato, cheio de admiração, da segunda mulher de meu irmão — Ann De Lancey —, no qual, ao falar sobre os primeiros anos do companheiro, usa a expressão "*bruising childhood*", algo como "dolorida infância".

Nelson foi fazer o curso médio no Colégio Rio Branco, por volta de 1951. Na época, terminado o ginásio, os alunos tinham de escolher entre o curso clássico ou o científico, e ele, inclinado às chamadas ciências "duras", optou pelo último. Entrou depois na Faculdade de Medicina da USP, onde constituiu um núcleo de amizades que se estendeu ao nosso universo familiar. A essa altura, meu pai e os três filhos havíamos deixado a casa da avenida Angélica e mudado para um apartamento no Edifício Três Marias, esquina da rua Haddock Lobo com a avenida Paulista.

Foram anos em que vivemos frente a frente com meu pai, Simon, sem a presença de outras pessoas da família, como tinha sido desde a morte de minha mãe. Que imagem Nelson e Ruy formaram de nosso pai, não apenas nesses anos, mas ao longo da vida, é uma pergunta que me assedia, mas para a qual não encontro uma clara resposta. Deixo de lado o Nelson, pois não tenho pistas a respeito. Ruy referia-se a ele com certa admiração, por sua simpatia pelo socialismo e sua descrença religiosa. Mas não era capaz de exprimir afeição, a ponto de nunca falar em "meu pai", "nosso pai". Até me chocava, quando se referia ao "Simão, que fez isso ou aquilo". E eu? Variei de atitude e de sensibilidade ao longo dos anos, e preciso distinguir meu pai quando vivo de quando ele se tornou uma constante memória. Não é fácil explicar meus sentimentos de repulsa, nos anos da infância e da juventude. Esses sentimentos foram se amenizando, sem que chegassem a uma aproximação. Como meus irmãos saíram do Brasil, acompanhei sozinho os últimos meses de vida de meu pai. Fiquei surpreso quando ele me disse àquela altura:

— Virou, mexeu, todos se foram e quem ficou e me deu apoio foi você.

Por fim, restou um enorme respeito por quem viveu mais episódios difíceis do que gozou momentos de felicidade, numa eterna "luta pela vida", como Simon gostava de dizer.

Meu pai adorava comemorar a passagem do ano, uma comemoração que vinha minguando inapelavelmente, apesar de seus esforços, na casa da avenida Angélica. A vinda da turma da Faculdade de Medicina às festas do Três Marias foi um salto de alegria. Música, comidas e bebidas — comeretes e beberetes, como dizia Paisico, a essa altura vivendo distante de nós — animavam o ambiente.

Lembro um pequeno episódio de bebedeira em que o protagonista foi um professor da Filosofia, amigo meu e do Ruy, cuja atração pelas libações alcoólicas era conhecida. Na época, ele era simpatizante do PCB e o partido andava alvoroçado com a crise provocada pelo Relatório Khruschóv (fevereiro de 1956) e as denúncias contra o "guia genial dos povos". Acontece que o professor se excedeu para além de seu limite e acabou se recostando numa parede, quase desacordado. Ruy parou diante dele e fez o diagnóstico:

— É a crise do stalinismo — uma prova eloquente de que nem nas festas abandonávamos a política.

Vários colegas de Nelson se tornaram também meus amigos, gente como Sérgio Ferreira, Thomas Maack, Mauricio Rocha e Silva e outros mais. Quem incentivou a formação desse grupo de jovens promissores que se tornaram pesquisadores brilhantes foi Michel Rabinovitch, professor da cadeira de histologia e embriologia da Faculdade de Medicina, chamado de Rabino por seus alunos e amigos. Rabino costumava frequentar nosso apartamento, almoçava ou jantava, e meu pai se extasiava com sua presença:

— Dr. Rabinovitch, que honra, que prazer.

Sempre vislumbrei nos olhos brilhantes de Simon, ao conversar com Rabino, a figura de seu pai que, partindo de um miserável *shtetl*, depois de muitos tropeços, chegara a ponto de ter um filho médico. Não um médico ignorante — como aquele vagabundo que matara sua mulher —, mas um jovem catedrático da melhor faculdade de medicina do país.

Michel é um professor excepcional, não só pelas qualidades de pesquisador que, afinal de contas, outros professores também possuem. Ele se destaca também pelo talento de estimular em seus alunos o entusiasmo pela pesquisa, e por uma relação de democrática proximidade. Por essas qualidades, logo após o golpe de 1964, recebeu um "prêmio" de certos bonzos da Faculdade de Medicina, ao ser apontado aos militares como organizador de um grupo de jovens subversivos. Na iminência de ser preso, teve de deixar apressadamente o país.

Nelson fora para os Estados Unidos em 1962, por indicação de Rabinovitch. O objetivo principal da permanência de dois anos no exterior era completar sua formação, para vir a integrar uma faculdade de medicina de ponta, que um grupo de professores, com apoio do ministro da Educação Darcy Ribeiro, pretendia instalar em Brasília. Por sorte, ele não viajou como bolsista, e sim contratado pela Universidade de Madison (Wisconsin), o que lhe facilitou a permanência no exterior.

Caminhos de separação — Estou em um campo aberto, meio temeroso do silêncio à minha volta, quando aparecem Ruy e Nelson. Resolvemos andar por trilhas sombreadas que, mais e mais, seguem em declive, exigindo muito esforço. Num ponto em que chegamos a uma encruzilhada, onde as trilhas se bifurcam, Nelson resolve tomar a menos íngreme e se separa dos irmãos. Sigo pela descida, Ruy se apaga, e chego a um lugarejo presumivelmente perto de São Paulo, mas sem comunicação com o mundo: nem telefone, nem televisão, só uma mercearia e um bar. Digo a um morador que, se alguém me levar ao bairro do Ferreira, lá eu tomaria um táxi. O homem faz um aceno, como dizendo que sabe onde fica o Ferreira, mas me diz que não entende o resto de minha fala. Ele me oferece um quarto e uma cama miseráveis para dormir e eu aceito desanimado.

Fui à partida de meu irmão, em 1962, pelo aeroporto de Congonhas. Lá estavam colegas da faculdade e sua namorada, uma "alemãzinha" loira, de feições delicadas. Houve bastante emoção na despedida, como se pairasse no ar a premonição de que Nelson não voltaria dali a dois anos. De fato, ele não só não voltou em dois anos como nunca mais voltou ao Brasil definitivamente, passando cinco anos sem pôr os pés no país. Mais tarde, tratou de explicar o distanciamento pelo fato de que imergira no estudo e nas pesquisas para se pôr à altura dos colegas na universidade. Em parte, pode ser. Mas é evidente que a longa ausência foi uma barreira interposta na tentativa de obstruir o passado e iniciar uma vida nova.

A longa quarentena autoimposta pelo Nelson terminou com uma festa de reencontro que Cynira preparou para ele em sua primeira visita ao Brasil depois da partida. Houve também muitos momentos felizes quando nos víamos nas viagens que fiz aos Estados Unidos. Tempos da antiga casa da Burr's Lane, das aulas na Brown, do périplo inesquecível ao Oeste americano, das trutas de Loa, da aurora boreal no Alasca, dos concertos de Bach em Vermont, da regência de Sheiji Ozawa em Boston.

Comecei a perceber como Nelson mudara no contato com outra cultura. Isso se deu por diversas vias, em que as amizades tiveram papel relevante. Eu nunca havia conhecido gente que levasse à prática, com tanta seriedade, valores que começavam a firmar-se em setores da sociedade americana e viriam a expandir-se no correr do tempo. Elas e eles eram defensores da igualdade de gênero, da igualdade étnica, da diversidade sexual, compondo um grupo variado de grande qualidade humana. O contraste com o Brasil me fez rever muitos preconceitos, o que não me impediu de ter críticas a uma certa rigidez antecipadora do politicamente correto. Eu vinha da cultura brasileira, da sua ambiguidade, do seu escracho, de um humor sem limites que marcou o comportamento dos homens da minha e de muitas outras gerações de brasileiros.

Boa parte das novas amizades do Nelson provinha das relações de sua primeira mulher, Anne Fausto-Sterling. Conheci Anne quando ela era uma jovem bióloga, de cabelos trançados e brilhantes olhos azuis. As tranças se foram, mas os olhos azuis se mantiveram com o mesmo brilho. Nascida em Queens, bairro de Nova York, apesar de não viver na cidade havia muitos anos, ela sempre se conservou uma nova-iorquina, inquieta e combativa. Militante política nos tempos da juventude, tornou-se uma famosa escritora voltada para os temas do gênero e do sexo, sustentando, entre tantas coisas, que não só o gênero, mas também o sexo são socialmente construídos.

Os pais de Anne — Dorothy e Philip Sterling — viveram numa época em que sonhos de uma grande transformação social pareciam uma utopia realizável. Eles foram militantes do Partido Comunista americano nos anos 1930 e 1940, quando o partido foi mais do que uma seita, pois tinha influência em alguns sindicatos e, principalmente, entre intelectuais e artistas. Philip atuou no rádio da CBS (Columbia Broadcasting System) e foi alvo de perseguições nos anos do macarthismo. Dorothy concentrou-se na escrita de livros para a juventude, valorizando sobretudo personagens negros que se destacaram na luta contra a escravidão e o racismo.

Conheci o casal em sua casa do Cape Cod — uma península magnífica, de águas frias, perto de Boston — quando os tempos da militância tinham ficado para trás. Ela era uma mulher enérgica, impositiva em certos aspectos, que me levou a beber, com prazer, várias doses de manhattan — seu drinque preferido. Enquanto sua imagem ficava para mim cada vez mais borrada, Dorothy se mantinha firme e continuava discorrendo sobre vários assuntos, ininterruptamente, sem que eu entendesse grande coisa, porque meu inglês logo entrava em colapso sob a ação da bebida.

Philip aparentava tristeza por não ter muito que fazer no Cape Cod; sentia falta dos tempos de Nova York, dos programas de rádio, das disputas políticas, das luzes noturnas, dos cinemas e teatros. Animava-se com a descrição daqueles tempos idos e vividos, bebia alguma coisa e depois se calava.

Ao longo dos anos, Nelson foi de uma atenção e de um cuidado impecáveis em relação a mim. Quando tive um tumor no estômago e sofri uma operação, eu lhe telefonei ao voltar do hospital, contando as peripécias do penoso episódio. Arrematei com uma brincadeira que acreditava amenizadora:

— Está tudo bem, não se preocupe. Vamos combinar uma viagem de iate pelo Mediterrâneo. — Ele não achou graça e respondeu que dentro de alguns dias estaria em São Paulo. Cá esteve, discutiu meu caso com um jovem patologista do Hospital Sírio-Libanês, levou material para ser examinado nos Estados Unidos, e concluiu dizendo que era preciso ter paciência e aguardar a passagem do tempo.

No correr dos anos, Ruy e Nelson, de quando em quando, reviam os tempos de infância e, assim penso, carregavam nas tintas com relação ao meu papel. Nelson fazia isso uma ou outra vez. Ruy é quem comandava o processo inquisidor. Eu tinha sido dominador, eu o manipulara nas atitudes contra o irmão caçula, dizia ele. Não me lembro de ele ter se referido a um comportamento protetor inadequado, talvez o que maior dano lhe causou: escrever em seu nome vários de seus trabalhos escolares, concorrendo para dificuldades da escrita cuja superação custou ao Ruy anos de sofrimento.

Os papéis dos membros da tribo não eram fixos. Até mesmo Nelson soube obrigar os irmãos a beijar a lona. Em certa ocasião, por exemplo, eu e Ruy quisemos lhe dar o papel de árbitro de uma controvérsia boba. A recusa veio cortante:

— Vocês são duas bestas.

Nossos caminhos se diversificaram, quando da escolha do curso universitário. Ser o irmão mais velho, nesse caso, foi uma desvantagem. Eu conhecia apenas três opções: medicina, engenharia e direito. Como a primeira importava lidar com cadáveres e a segunda tinha a ver com matemática, em 1949 acabei escolhendo a terceira, sem entusiasmo. Quatro anos depois, Ruy teve conhecimento de um leque maior de escolhas. Cursou direito para atender ao desejo de meu pai, ao mesmo tempo que ingressava de corpo e alma no curso de filosofia da USP.

A opção de Nelson pela medicina recebeu as bênçãos familiares, quando mais não fosse, dado o prestígio da profissão. A escolha significava, entre outras coisas, fugir ao campo minado das ciências humanas, em que seus irmãos mais velhos se destacavam. Desse modo, ele daria um passo importante no caminho da libertação do passado e da marca de inferioridade que lhe quiseram imputar.

Antecipo dizendo que, ao longo do percurso, ele alcançou um êxito extraordinário como professor, orientador de alunos e pesquisador de primeira linha. Nelson era muito modesto ao se referir de raspão a sua carreira vitoriosa. Quando muito, relatava episódios divertidos, como os de suas viagens ao Japão, narrando cenas de um formalismo quase reverencial a sua pessoa e os jantares, regados a saquê, com a participação de delicadas gueixas. Ao conversar com amigos do Nelson nos Estados Unidos, eles me disseram que ele tinha os dois irmãos brasileiros em alta conta, no plano intelectual. Da minha parte, sempre proclamei o óbvio: o cientista da família era o Nelson.

O interesse pela política foi comum a mim e ao Ruy desde muito cedo, gerando convergências e divergências. Aderimos ao minúsculo movimento trotskista por volta de 1952 e aqui, para evitar repetições, me reporto ao que escrevi a respeito, especialmente em *Memórias de um historiador de domingo*, em sequência a *Negócios e ócios*. Acrescento apenas alguns aspectos particulares. No âmbito da esquerda, a opção por uma corrente diminuta deveu-se a convicções ideológicas e à história pessoal. Nossa formação harmonizou-se com o trotskismo, corrente fustigada pelos partidos stalinistas com as piores calúnias, distante das grandes luzes dos triunfadores, que tendia a uma certa vitimização de seus membros.

Ruy aderiu ao trotskismo com a convicção e o entusiasmo que demonstrou em todas as suas opções de vida. Foi assim, desde os tempos remotos das reuniões numa salinha do Edifício Martinelli aos últimos meses da existência, quando se empenhou na criação da revista virtual *Rosa*. Da minha parte, me tornei militante trotskista com um pé atrás, fruto de um ceticismo que cresceu ao longo da vida, diante dos rumos do mundo e do Brasil. Por que permaneci então no movimento por cerca de dez anos? Talvez pela atração exercida por Trótski, personalidade admirável e trágica de líder revolucionário. Até hoje, distante de suas ideias, admiro-o profundamente, a ponto de me recusar a ler o livro do escritor cubano Leonardo Padura *O homem que amava os cachorros* — obra de semificção que acaba muito mal.

Outra razão para minha longa permanência entre os defensores da "ideia Trótski", como dizia um simplório militante, está no fato de que o afastamento me parecia uma traição pessoal e uma renúncia política que me deixaria no ar. Quantas reuniões enfadonhas, nos domingos à tarde, que não iam a lugar nenhum, enquanto o sol brilhava lá fora; quanto tempo perdido com a discussão sobre os auspiciosos "avanços" do simpatizante "X", ou sobre o recuo incompreensível da camarada "Y"; quanta perda de tempo para caracterizar se estávamos ou não passando por uma crise de crescimento, quando entravam no grupo três novos militantes, ainda sem firmeza ideológica, que provocavam certa confusão no plano das certezas de uma seita homogênea.

Além da política, outro elo que me ligava ao Ruy deitara raízes nos tempos de criança, indicando que o passado para nós não tinha a marca tão dramática que lhe atribuía o Nelson. Sempre tivemos atração em repetir infinitamente palavras ou frases ouvidas aqui e ali, ou construídas por nós. Uma frase das mais enigmáticas era repetida por uma cozinheira da casa da avenida Angélica, diante do fogão, ao ritmo imaginário de um tambor: "Os escoteiros do Pará, eiprá". O dito, retumbante também pela rima tônica, foi recolhido por mim e pelo Ruy, e atravessou os tempos. Outro dito, esse de nossa autoria, foi o "Bino supino, Bino supino", repetido com a mesma insistência, até provocar uma inversão: "Bino supino, supino Bino". Quem era o Bino? Era um goleiro mediano do Corinthians que torcedores exaltados do clube apelidaram de Gato Selvagem. E o supino? Creio que se trata apenas de uma rima feliz.

Ruy procurou saber o que significava essa nossa mania da repetição de frases e não sei se chegou a alguma teoria a respeito. Seja como for, inventamos um léxico pessoal, que lembra o belo livro de Natalia Ginzburg, *Léxico familiar*, relato autobiográfico de sua vida cotidiana em Turim, nos tempos do fascismo. Não se trata aqui de fazer comparações pretensiosas, mas é certo que Ruy e eu, em contexto histórico bem menos dramático, inventamos uma linguagem que nos unia e tornava presente o tempo da infância, onde quer que estivéssemos. Por exemplo, cães e gatos não eram apenas animais domésticos, mas arquétipos do bem e do mal. Gatos não eram designados por essa palavra dura, mas sim por uma palavra carinhosa, semelhante a um diminutivo: "gatenho". Cães não eram cães, e sim "chorros", parte da palavra "cachorros". Muito depois dos anos de infância, quando aprendi alguma coisa do lunfardo — a gíria portenha —, fiquei sabendo que *chorro* é um ladrão, um indivíduo de mau procedimento. Coincidência? Deve ser.

Outro hábito — esse dirigido a toda a família — era o de cortar uma conversa tensa, geralmente à mesa das refeições, com uma frase abstrusa, sempre a mesma. Assisti a um filme, cujo título não me lembro, em que o corte era a palavra tango, obrigando todos a parar a conversa e ensaiar os complicados passos da música portenha.

Em casa, essa chave seria impossível, pois todos os seus integrantes eram uns pés de chumbo, mal e mal arriscando um bolero. Nossas referências remetiam à história universal, como se dizia na época. Quando as vozes se elevavam a um ponto explosivo, surgia um episódio da Revolução Francesa: "Coitada da Maria Antonieta, o que fizeram com ela". Pobre rainha, que não sei quantas vezes subiu ao cadafalso e não sei quantas vezes também teve a cabeça cortada.

Os elos entre mim e o Ruy se mantiveram ao longo da vida. Mas eles se combinaram com períodos de desajustes e de afastamento, a ponto de navegarmos entre muitos escolhos, evitando, por exemplo, discussões sobre a política pátria. Preferíamos nos concentrar na política internacional, em que a concordância era grande e as emoções pessoais menores, tendo também a vantagem de nos remeter às raízes da infância e da adolescência, aos lances da Segunda Guerra Mundial. Entretanto, esse acordo tácito, como outros, introduzia algo de artificial nas nossas relações.

Quando nos encontrávamos, cada vez mais Ruy se encaminhava para o seu mundo específico, com histórias de personagens do meio intelectual francês que eu desconhecia, resultando a conversa num monólogo difícil de suportar. Tínhamos também objetivos e estilos de vida diferentes. Ruy tinha uma personalidade complexa — quem não tem? — que combinava duas faces complementares. Ele optou por uma vida de filósofo ascético, na dependência de recursos financeiros estritos, vestindo-se pobremente, morando em quartos como se estivesse de partida, forçado a ter refeições em restaurantes modestos, apesar de sua atração pela boa comida. Esses traços eram autênticos e nada tinham a ver com a fabricação de uma persona, como é tão comum hoje em dia. Creio que cuidados com sua pessoa e com uma vida mais confortável pareciam roubar-lhe o tempo para o essencial — a realização de uma obra, passo a passo, em que cada palavra escrita era minuciosamente pesada e reavaliada.

Ao lado desses traços, Ruy tinha uma sociabilidade ampla — amigos e amigas no Brasil e na França —, com quem mantinha uma intimidade, se não maior, diversa da que mantinha com os irmãos. Entre as brincadeiras dessa roda, havia uma de que ele gostava em especial. Para iniciar uma conversa, ele e o parceiro ou parceira comprimiam os respectivos dedos polegares, para "trocar impressões" que não eram as digitais.

Um prazer que ele cultivou pela vida afora, literalmente até o último minuto de sua vida, foi o piano, instrumento em que dedilhava chorinhos, valsas, sambas, composições de jazz. Ao escrever, tenho a sensação de vê-lo nesses momentos de prazer, com os olhos brilhantes fixados em um ponto fluido à sua frente. Sua ortodoxia no âmbito do jazz contaminou tanto a mim quanto ao Nelson. O campo de admiração de Ruy cingia-se a Jelly Roll Morton, Louis Armstrong da primeira fase, Sydney Bechet, King Oliver e semelhantes. Fora desse círculo, situava-se a turma do Tin Pan Alley — a rua de Nova York onde nomes famosos faziam uma música popular impiedosamente considerada de segunda classe.

Há anos, quando tratei de ampliar meu conhecimento de jazz, escrevi ao Nelson perguntando o que ele achava de nomes consagrados que saíam da esfera dos antigos clássicos. Ele me surpreendeu, ao dizer que não os conhecia, pois nunca saíra dos limites estritos estabelecidos pelo irmão.

A tentação pelo jazz rondou o Ruy por alguns anos, quando reservou certo tempo para participar de uma banda que fazia sucesso em São Paulo. Ele acabou desistindo dessa atividade, e parece ter feito muita falta ao conjunto. De fato, passados vários anos, o líder da banda encontrou-se com meu irmão e lamentou:

— Você estava a caminho de virar um excelente pianista de jazz, mas largou tudo com essa história de só pensar em filosofia.

Após meu casamento com Cynira, optei — melhor dizendo, optamos — por construir uma vida estável, com segurança financeira, com conforto e sem luxos, que acentuava a aversão ao risco, e dava primazia ao cuidado dos filhos. Uma vida burguesa? Sim, com a ressalva de que, nos anos da ditadura, a vida burguesa de quem tinha um passado de militância e se opunha ao regime passava por inevitáveis incertezas e muitos sobressaltos. A vida burguesa, além disso, não significava entrar no jogo bruto, mas desistir de salvar o mundo e tratar de salvar apenas seu pequeno mundo, cercando-o de princípios éticos nem sempre fáceis de cumprir.

Não preciso insistir em quanto representou para mim o casamento. Além do amor recíproco, incluídos os altos e baixos, foi Cynira quem me tirou da lenga-lenga e me deu um empurrão no caminho de redefinir minha vida, sobretudo no plano intelectual. Pouco a pouco, à medida que tratava de me converter em historiador sem deixar de ser profissionalmente advogado, fui saindo de uma situação penosa na rivalidade com o Ruy. A competição — diriam os psicanalistas — viria das posições estruturais que cada um ocupava na fratria e na forma concreta que ela tomou. Desde cedo, quando Ruy tinha por volta de oito anos e eu doze, sua maneira de se defender da minha suposta onipotência era partir para a agressão: agressão a meus livros que ele ameaçava rasgar, agressão física, sob a forma de objetos arremessados contra mim. Nos anos em que cursou o ginásio, meu irmão não teve muita sorte, porque frequentamos a mesma escola — ele quatro anos depois — e havia professores que se compraziam em comparar nossas performances. Ambas eram ótimas, mas sempre era possível estabelecer diferenças ocasionais. Assim, a qualquer tropeço do Ruy, lá vinha um professor dizer, com ar decepcionado:

— O que há com você? Seu irmão não cometeria esse erro.

Da minha parte, eu preferia cometer um montão de erros — já não me fazia diferença nenhuma —, em troca de brilhar como atacante do time de futebol do ginásio.

Quando Ruy entrou na Faculdade de Filosofia da USP e eu me tornei solicitador acadêmico, no último ano de direito, a competição se transformou num "embate" entre adultos, em que eu, por vários anos, levaria a pior. A conclusão dessas divagações é que a tribo dos irmãos se comportava como um bloco diante do perigoso mundo externo, mas tinha fraturas e alianças móveis no interior da família.

Passei de mentor intelectual do Ruy, redator de seus trabalhos na infância e na adolescência, a personagem secundário para pessoas cuja opinião, ao menos para mim, pesava bastante, ou seja, o círculo da Faculdade de Filosofia e adjacências. Às vezes, era chamado de "Ruy" por engano, como se não tivesse existência própria e fosse apenas um derivado do irmão filósofo. Ou era definido como aquele irmão do Ruy, advogado, integrante da burocracia universitária, a quem se consultava sobre questões administrativas da vida acadêmica.

Na verdade, meu irmão teve uma sólida formação intelectual, graças à influência de alguns professores e à sua determinação. Nossa tia Esther notava isso à sua maneira e costumava dizer, quando Ruy era ainda jovem, que ele descendia de um ancestral de longas barbas, que passava os dias trancado numa edícula de sua casa em Izmir, imerso na leitura da Torá. Dessa perseverança e inteligência, resultou um conhecimento amplo, que tinha por base a filosofia, mas abrangia estudos de ciências humanas e uma curiosidade inesgotável por todos os ramos do saber.

Minha opção pela história contribuiu para delimitar nossas áreas principais de interesse, evitando assim maiores encontrões. Jamais tentei penetrar no campo da filosofia, não só para fugir da competição, pois reconhecia que, de qualquer forma, eu seria fragorosamente derrotado. Havia, sobretudo, uma questão de gosto. Como sempre disse ao Ruy, se eu fosse ler Hegel, por exemplo, não entenderia nada e precisaria ter algum analgésico ao lado, para diminuir a inevitável dor de cabeça.

Nossas divergências sobre a política nacional ficaram suspensas durante o governo militar, cedendo terreno a objetivos sobre os quais concordávamos. A luta pela democracia e a denúncia das violências ganharam relevância, e foi importante entender que o caminho dessa luta não passava pelas ações armadas, conduzidas por gente corajosa, mas equivocada. Quando se deu a abertura política e a formação de novos partidos, as disputas partidárias irromperam. No nosso caso, à medida que as divisões entre PT e PSDB tomavam, infelizmente, a feição de um embate entre inimigos, as divergências se acirraram. Elas não eram apenas políticas, pois tinham a ver com apreciações pessoais sobre este ou aquele personagem, fato que tendia a dar um conteúdo emocional a nossas percepções. Ruy se aproximou do PT, numa postura não excludente de críticas, evitando o grau de imersão que o ligara a outras causas no passado. Eu projetei no PSDB de Fernando Henrique, Montoro, Mário Covas minhas esperanças de um Brasil melhor. Em poucas palavras, os tempos áureos do partido me parecem hoje um interregno nas nossas mazelas e da velha política.

O PSDB subsiste, mas tornou-se uma garrafa com outro líquido, embora tenha mantido o rótulo original.

Desde o desaparecimento de nossa mãe, a sombra de novas mortes se afastou da família, quem sabe por existir um sentimento de que, após aquela desgraça, outras não ocorreriam tão cedo. Depois de muitos anos, em 1984, quem esteve perto da "indesejada das gentes" fui eu. Por algum inexplicável motivo, a senhora cuja presença, mais dia menos dia, é inevitável, me poupou e, anos depois, atingiu Cynira, vítima de um câncer. Tratei dessa enorme perda no livro *O brilho do bronze* e aqui não há por que insistir. Lembro, porém, algo que merece ser lembrado. Um e-mail de Nelson, sintético, em resposta à notícia do falecimento de Cynira: "Perdi minha irmã". Não era uma metáfora, mas uma verdade literal, a tal ponto que opto por me referir a essa irmandade sem aspas. Nelson acompanhou, passo a passo, a doença de Cynira, que explodiu a partir de um exame de rotina. Sabia da gravidade de seu estado — "é quase uma loteria, quem sabe ganhamos" —, mas, por fim, o desenlace chegou. A afinidade entre os dois irmãos, hoje mortos, expressava-se na generosidade de ambos, na forma de entender ou tentar entender o outro, na firmeza ética que não afrouxava em circunstâncias difíceis. Quantas vezes, em conversas iniciadas a três, me senti de certo modo posto de lado, enquanto eles continuavam um longo diálogo. De tal forma que não só Cynira se inseriu na tribo, como também teve nela um papel determinante, embora se queixasse de que naquela família de homens não lhe davam oportunidade nem de falar.

Infelizmente, a morte preparava mais um golpe enquanto Cynira lutava contra o câncer. Em 2007, recebi um e-mail do Nelson. Assunto: VERY BAD NEWS. Sem dúvida. Ele vinha sentindo dores nas costas e, depois de vários exames, recebeu um diagnóstico dos piores: um mieloma, câncer da medula. Por ser médico, sabia o que o aguardava.

Como Cynira, lutou por vários anos. Não interrompeu seus trabalhos nem as viagens que fazia ao Brasil. Aceitava qualquer convite acadêmico para vir e assim aproveitava para encontrar-se conosco. Numa dessas visitas, ele contou que, dada sua posição num dos hospitais mais importantes de Seattle, era tratado pelos médicos como colega com quem se troca sugestões sobre os passos a seguir, e não como paciente. Contou também que, por duas vezes, falecera do ponto de vista clínico, mas tinham conseguido ressuscitá-lo. A curiosidade brotou.

— Você viu alguma coisa, depois de morto?
— Nada. Tudo preto.

Num dos momentos de volta à vida do irmão caçula, Ruy escreveu um poema tão afetivo, com o título de "Telefonema de Seattle", que até hoje me provoca arrepios. Levei muito tempo para ler o texto, absorvendo verso por verso até que tivesse condições de transcrevê-lo em parte, quando Ruy fala de sua alegria pela melhora do estado de saúde do irmão:

Salve, irmãozinho
ainda iremos brincar
no jardim da casa grande
com pistolas e espoleta.

Ou jogar bola
você de avante
do outro irmão, no gol,
e eu no ataque contra os dois

Ou distribuir comida aos gatos.

*Ou fazer barquinhos de papel, para lançar
da cozinha, no quintal
alagado, em dias de,
grande chuva.*

*Também podemos
brincar de guerra,
atirando nos aviões
que passam.*

*De qualquer modo,
até segunda ordem,
estou avisado de
que você continua.
Sur terre.*

*Que a viagem
ao outro mundo
foi adiada sine die.*

*De resto,
ninguém sabe
qual de nós dois
partirá antes.*

*Até então
— e assim sendo —
gozemos, Braudelein,
o que nos resta
de vida.*

Primeira semana de 2011

A forte impressão que estes versos me causam vai além de sua literalidade. Eles transbordam uma afetividade que Ruy, se não estou enganado, expressou raramente em sua vida. O único exemplo que me ocorre é o de Luiza, filha nascida de seu segundo casamento, a quem expressou um amor sem limites.

No início de 2012, Nelson nos avisou que viria ao Brasil para realizar uma conferência em Porto Alegre. Faria antes uma parada em São Paulo. Chegou em condições precárias, sofreu uma breve internação hospitalar, e regressou aos Estados Unidos, a conselho dos médicos. Porto Alegre ficou para trás e a família também.

Uma última difícil situação iria surgir, com o agravamento de seu quadro. Sempre pensei que, vivendo nos Estados Unidos por muitas décadas, Nelson se integrara inteiramente no universo americano. Quando ele vinha ao Brasil, algumas de suas atitudes sugeriam isso. Ele não era um ser estranho ao nosso país, mas cometia enganos na vida cotidiana, ao se relacionar com agentes bancários, ou com motoristas de praça. É verdade que certo dia, ao lhe perguntar se ele se considerava completamente integrado nos Estados Unidos, me disse que havia momentos em que se sentia estrangeiro. Isso acontecia quando os "nativos" se punham a falar, interminavelmente, sobre suas experiências de escola, sobre jogos de beisebol emocionantes, ou sobre o misto de alegria e tristeza ao entrar num *college* e morar fora de casa. Naquele momento, achei que essas eram observações sem muita relevância.

Alguns meses após voltar aos Estados Unidos, Nelson me fez uma proposta surpreendente. Ele disse ter consciência de ter pouco tempo de vida e, por isso, estava tomando suas últimas providências cabíveis. Entre outras coisas, desejava que, após a cremação de seu corpo, as cinzas fossem enviadas ao Brasil, para serem depositadas no Cemitério do Morumby, onde estão sepultados Cynira e meu pai.

Fiquei meio perdido ao constatar que, simbolicamente, meu irmão queria deixar os Estados Unidos e "vir morar" no Brasil. Pensei também que, ao se decidir por esse caminho, Ann De Lancey, sua segunda mulher, com quem ele vivera anos muito felizes, ficaria bem longe de sua lápide. Cheguei a consultar a administração do cemitério com o objetivo de comprar um espaço e alguém lembrou — para aliviar as tensões — que a compra teria utilidade garantida no presente ou no futuro.

Por fim, Nelson permaneceu nos Estados Unidos, onde morreu meses depois, sem que fosse cumprido seu desejo. Suas cinzas repousam agora junto a um pequeno lago, em meio aos castores, aos canteiros floridos na primavera, em sua casa de campo de New Hampshire, que ele tanto amou.

Nos últimos anos, Ruy escreveu várias obras políticas que admiro sem reservas. Suas análises, a partir de uma postura de esquerda, combinada com uma dura crítica aos supostos socialismos de países como Cuba e Venezuela, foram e são muito importantes, especialmente no quadro da América Latina, onde os mitos custam a se desfazer.

No âmbito nacional, Ruy percebeu antes de todos nós, do campo democrático, a ameaça da ascensão da extrema direita. Entre os que reconheceram esse mérito, devo citar o jornalista Bernardo Mello Franco, que escreveu um artigo, em *O Globo* (em 3 de maio de 2020), com o título expressivo de "Ruy Fausto via longe". Via mesmo.

Ruy defendeu dois princípios centrais, no campo da esquerda antitotalitária. A dissociação entre democracia e capitalismo, sustentando que a primeira não segue necessariamente o destino do segundo. Pelo contrário, o fim do capitalismo, a seu ver, abriria a possibilidade da construção de uma verdadeira democracia, que nunca poderia ser alcançada no âmbito do regime capitalista. Sua utopia possível desenhava no horizonte uma sociedade não estritamente igualitária, em que se eliminasse a acumulação de capital e admitisse determinadas atividades privadas. Eu objetei, dizendo que ele pretendia a criação de um "capitalismo de lojinha", ironia que ele achou sem graça, mas que foi incapaz de perturbar nossas relações. Para esse bom entendimento, contribuiu a aproximação nos tempos do bolsonarismo, seja acerca da natureza desse pesadelo, seja acerca dos caminhos para enfrentá-lo.

No dia 27 de abril de 2020, Ruy e eu tivemos uma intensa troca de mensagens, na forma que descrevi na introdução do livro, como se essa intensidade — vejo agora — tivesse um sentido oculto, um sentido de algo que vai desaparecer para sempre. Minha última pergunta no jogo de adivinhas referia-se a um episódio aparentemente trivial, dos tempos em que morávamos na casa da avenida Angélica. Um entregador de pães, com dificuldade de fala, era odiado por nós, por uma frase que pronunciara com muito esforço, referindo-se a um de nossos gatos. O bichano miava dolorosamente e mal conseguia manter o equilíbrio, quando o padeiro, com muito esforço, decretou:

— Esse gatinho morre.

Perguntei ao Ruy, na mensagem eletrônica, qual a razão do nosso ódio contra o rapaz. Passado algum tempo, a resposta não veio, e imaginei que meu irmão se cansara da brincadeira e imergira em seus estudos filosóficos. Infelizmente não foi isso o que aconteceu. Na verdade, Ruy havia nos deixado, levantando voo para outras esferas, de seu minúsculo apartamento nos subúrbios de Paris.

E a tribo? Existe e resiste com gente mais nova, composta de vários anjos e até de um anjo rebelde. Mas o trio do futebol da avenida Angélica desapareceu há muitos anos. Restou apenas o goleiro solitário que espera pela partida, sem nenhuma pressa.

VIDA

Paisico

Paisico, meu tio por afinidade, casado com a tia Rebecca, foi personagem de outros livros que escrevi. Ingênuo, com dificuldade em lidar com um mundo regido pelo interesse individual, não se deu bem nos vários negócios que tentou. Entretanto, ele foi uma pessoa surpreendente, que introduziu o humor e situações inesperadas na casa familiar da avenida Angélica. Lembrar suas histórias é a melhor forma de ressaltar sua figura.

Paisico e o País das Maravilhas

Boris lê um interminável *Estadão*. Paisico (impaciente):
— Você está lendo todo... Deixa um pouco para mi. Se você continua, vou ter de desler.

Teria ele lido Lewis Carroll? Duvido. Creio que, mesmo sem conhecer Alice de perto, tinha contato direto com o Chapeleiro Maluco.

As chaves perdidas

Na casa da avenida Angélica, não costumávamos perder bens de muito valor, mas nem por isso as perdas deixavam de causar um rebuliço. Eram óculos, relógios, carteiras, canetas, chaves e por aí vai. Se os objetos não fossem rapidamente localizados, cada um de nós ia da contrariedade ao desespero. No meu caso, eu me irritava com certos comentários, em especial os da Ia, que ela supunha consoladores:

— Non fica nervoso: narrgum lugar há de estar.

Certo dia, Paisico perdeu seu molho de chaves, perda considerada séria no ranking familiar. Depois de uma rigorosa procura em todos os cantos da casa cheia de desvãos da avenida Angélica, o batalhão de buscas chegou à conclusão de que o objeto se perdera na rua.

Paisico não desanimou. Fazendo companhia ao molho de chaves, ele colocara uma peça prateada com os dizeres: "Pede-se a quem encontrar, o favor de entregar na portaria de *A Gazeta*".

Dormiu sossegado e, no dia seguinte pela manhã, avisou que chegaria em casa um pouco mais tarde porque ia passar no jornal.

À noite, ele chegou lá pelas oito horas e tocou insistentemente a campainha da entrada, o que nos levou a imaginar um desfecho pessimista: nada de chave. Entrou com uma expressão indefinida no rosto, enfiou a mão num bolso das calças e dele extraiu as chaves que, em seus dedos, começaram a balançar, tilintando no espaço.

— Mas então tudo deu certo? — perguntaram várias vozes familiares, ao mesmo tempo.

— Mais ou menos. Cheguei na portaria da *Gazeta* e numa prateleira vi a chave, no meio de muitas outras. Fui pegar, mas o porteiro ficou na minha frente.

— Como assim?

— O sacána queria prrovas. Expliqui mas de una vez: "O chavero é mio", "o chavero é mio". Mas o troncho continuava a querer prrovas até que io ameacê chamar um guarda. Ele ficou com medo e me entregou as chaves.

Duvidar da enfática palavra de Paisico, mesmo da parte de quem não o conhecia, era coisa de alguém que perdera totalmente a fé no pouco que resta da bondade humana.

Afinidades

O que poderia haver em comum entre Paisico e Celso Afonso, um aluno do Mackenzie, colega do Ruy? Afinal, eles nunca se viram nem ouviram falar um do outro. Em poucas palavras, a afinidade residia na aversão por repetições. Paisico se irritava com o refrão das músicas populares. Exemplo, "Maracangalha", de Dorival Caymmi:

— Se Anália não quiser ir eu vou só, eu vou só, eu vou só. Para que repetir que vai sozinho se já na primeira vez a gente entende?

Celso Afonso implicava com um trecho dos muitos hinos protestantes entoados no Mackenzie:

— Juntos estaremos com Jesus, com Jesus. Esse segundo "com Jesus" — proclamava ele — é veadeza.

Crítica literária

Poesia moderna? Não é bem poesia. É um apoesiado, dizia Paisico, diante da estranheza que lhe causava a ausência de rimas.

Trocadilho: Casa dos Três Irmãos

— Por que os donos dessa casa de tecidos não põem um nome bonito na loja? Que interessa ao freguês quem são os donos?
— Não entendi.
— Como no entendió? Casados três irmãos. Casados ou solteiros, para o freguês é a mesma coisa.

O nome do relojoeiro

Paisico chega um pouco tarde para o jantar e tia Rebecca, que evita demonstrar preocupação, pergunta:
— Onde estuviste?
— No Walter da Pendúla, o que conserta meu relógio, na Pendúla Moderna.
— Quem é esse Walter?
— Ya te diche: o nome dele se chama Walter.
Se o nome dele se chamava Walter, como se chamaria o dono da Pendúla cujo nome se chamava Walter?

Bandeiras no fogo

Getúlio volta ao poder pelo voto em 1951, acompanhado de grande expectativa sobre as medidas que irá tomar. Especula-se se ele seguirá ou não os caminhos empreendidos nos quinze anos de seu longo governo anterior. Ampliará os direitos dos trabalhadores? Reforçará o papel do Estado na área econômica? Tentará um golpe, impulsionado por sua mentalidade de caudilho dos pampas? Paisico prefere se prender a um detalhe simbólico que o impressionou no passado: a cerimônia da queima das bandeiras estaduais na praia do Russel, na então capital da República, em fins de novembro de 1937. Ele sintetiza as interrogações sobre o chamado segundo governo Vargas numa frase: será que o Getúlio vai de novo queimar bandeiras?

Um mantra infalível

"*Ciegos y mudos como los perros de Ayfto*" era o mantra infalível conservado na memória pela tia Rebecca para ser utilizado em ocasiões especiais. Qual a sua origem, não sei. Por que os cachorros do Egito são cegos e mudos, sei menos ainda. Sei apenas que, no Egito antigo, os cães eram admirados e respeitados, a ponto de poderem gozar o sono eterno, convertidos em múmias nos túmulos dos faraós.

Eu tinha doze anos e uma grande atração pelo cinema. Havia muitos filmes proibidos para catorze anos que me interessavam bastante, seja pelas indicações lidas no *Estadão*, seja por supor que eles tinham cenas fantásticas de sexo ou de violência que excitavam minha imaginação. Essa história de "proibido", nos dias de hoje, não passa de uma indicação sem maior importância, mas no curso da ditadura do Estado Novo, em 1942, a censura era para valer.

Quando a tia autorizou seu filho Alberto, quatro anos mais velho do que eu, a me levar em sua companhia ao Cine Coliseu, para assistir a um filme proibido para catorze anos, tratou de assegurar o êxito da pequena aventura revelando o segredo do mantra infalível que deveríamos repetir à entrada do cinema. O Coliseu ficava no largo do Arouche, esquina da avenida Duque de Caxias. Durante anos, o cinema exibira os filmes da UFA, produtora alemã que, com a chegada do nazismo ao poder, se tornou instrumento de propaganda do regime. Isso acontecera quando eu era criança, pois, com a opção de Getúlio pelos Estados Unidos, a UFA desapareceu do país.

O Alberto, filho único, era o xodó da tia, que o chamava de Albertucho, e outros apelidos carinhosos. Para mim e meus irmãos, era o Doc — corruptela do nome do médico de uma das expedições a Canudos, o major Albertazzi. Mas talvez o apelido tenha surgido tempos depois, porque é improvável que eu já tivesse lido alguma coisa de *Os sertões* naquele ano de 1942.

Seja como for, numa noite de sábado, Alberto e eu seguimos para o cinema, entre receosos e confiantes. Eu ia vestido como gente grande, de paletó e calça comprida, não só para parecer mais velho, mas também porque já cumprira o ritual inesquecível em que as calças curtas de criança eram abandonadas.

Tão logo chegamos à entrada do cinema, comecei a murmurar o mantra, enquanto o Doc comprava as entradas. No momento decisivo, ao tentar entrar na sala de espera, ouvi a temível voz do porteiro:

— Quantos anos você tem? — Tive vontade de repetir mais alto o mantra, para quem sabe cegar o homem com o raio fulminante das palavras, mas me faltou coragem. Fiquei na resposta trivial:

— Tenho catorze — dizer que tinha quinze não ia pegar de jeito nenhum.

Fosse porque eu exibisse uma "*baby face*", aparentando menos idade, fosse porque minha voz insegura traísse a mentira, o porteiro me pediu um documento, em tom cansado, como se repetisse uma cena com final previsível. Com gente em torno de mim querendo entrar no cinema, vasculhei os bolsos à procura do que não existia.

— Bom — disse o porteiro, sem esconder uma ponta de ironia. — Dá tempo de ir buscar o documento porque a fita demora para entrar. Vocês devem morar perto, não?

O Doc entrou em cena, fazendo valer suas qualidades de negociação:

— Não dá tempo, tomamos dois bondes para ir em casa e dois de volta. Da outra vez, a gente não esquece, só nos devolvam o dinheiro das entradas.

Chamado a decidir, o gerente do cinema concordou com a sugestão e nós voltamos para casa, colhendo o que parecia uma meia vitória.

Não foi assim que tia Rebecca nos recebeu. A entrada era o de menos, nem valia a pena discutir. O grave é que nós tínhamos fracassado, não por culpa do mantra que, dada sua qualidade de infalível, jamais poderia fracassar. Nós é que tínhamos feito algo errado, quem sabe tropeçando nas palavras, apesar de repetidas tantas vezes num prévio exercício caseiro.

Perdi parte da fé no mantra ancestral, mas não abafei o desejo de ver filmes proibidos para menores de catorze anos. Era o caso de *Bandeirantes do Norte*, com Spencer Tracy no papel principal, exibido no Cine Santa Cecília. Se a história se passasse hoje, eu teria motivo para recuperar um pouco da fé. Saberia que Cecília é nome derivado do latim "*caecus*" — cego —, quem sabe anunciando a cegueira não só dos "*perros de Ayfto*", como também de todos os porteiros deste mundo que barram nossa entrada em tantos lugares e frustram tantos desejos.

O cinema, na avenida Olímpio da Silveira, esquina com a rua Conselheiro Brotero, não era um cinema qualquer. Um dragão de ferro, no alto do edifício, cujas asas cobriam uma cauda demoníaca, anunciava algo inusitado. O interior do cinema não desmentia essa sugestão, desde a sala de espera, o teto em forma de abóbada, decorado com conchinhas esmaltadas e elementos florais; os longos bancos entalhados; os amplos espelhos; as miniaturas de elefantes encimando colunas; os Budas imponentes que impunham respeito.

Na sala de espetáculo, brilhava no teto um céu de estrelinhas que se iluminavam e se apagavam lentamente, à medida que a sala escurecia, ao anunciar o início da sessão. Mas as trevas não chegavam a ser completas, pois, dos dois lados da tela, figuras talhadas em bronze conservavam, durante a projeção, suas pálpebras iluminadas.

O filme *Bandeirantes do Norte* chamava-se, no original, *Northwest Passage*. À primeira vista, o título em português parecia mais uma idiotice dos tradutores de filmes para nosso idioma. Mas talvez não fosse bem assim, pois ele narrava a história de uma expedição militar norte-americana ao Canadá, em meados do século XVIII, para combater indígenas aliados dos franceses. Em cena, Spencer Tracy, ator famoso na época, rios e cachoeiras como obstáculos naturais a serem transpostos, massacre de indígenas, tudo em tecnicolor, eram atrativos suficientes para fazer do filme um grande sucesso.

Em companhia de outro primo — o Vidalzinho, que morava em Santos —, cheguei às portas do Santa Cecília, naquele ano de 1942. Comecei a murmurar o mantra infalível, procurando seguir as instruções da tia, enquanto o primo comprava os ingressos. A rigor, a cena do Coliseu se repetiu até o momento em que o porteiro chamou o gerente, um tipo troncudo, alourado, de terno e gravata.

Vidalzinho não era propriamente um rapaz bem-comportado e muito menos estava disposto a perder a discussão. Argumentou enfaticamente e, em seguida, pôs-se a gritar, dizendo que o cinema era uma porcaria e o gerente não passava de um cretino. Um murro, como resposta, passou raspando pela orelha esquerda do valoroso primo, que se desviou a tempo.

Achei melhor não comentar com minha tia o episódio lamentável. Me convenci de que não havia cachorros cegos e mudos no Egito ou em outro lugar, embora eu desejasse que a espécie fosse muda para sossego de quem ouve latidos insuportáveis pela noite afora.

A vitória do mantra

Tia Rebecca e o Alberto gostavam muito de música clássica. Ele estudava violino, chegando a tocar o instrumento como um bom amador. Os dois costumavam frequentar o Teatro Municipal em dias de apresentação de orquestras sinfônicas ou de câmara, quando o Municipal atraía a elite paulistana. Como os ingressos eram caros, eu supunha que mãe e filho juntavam com sacrifício o dinheiro destinado àquele refinado prazer. Mas, certa vez, o primo me confidenciou, com justificado orgulho, que eles nunca pagavam a entrada. Ele elaborara uma estratégia perfeita. Esperava um momento em que se formava uma aglomeração de pessoas, ansiosas para chegar a seus assentos, dava o braço a sua provecta mãe, e ambos entravam no recinto do teatro sem que o porteiro percebesse.

Quando ouvi a história, fiquei muito impressionado com a descoberta de outro perfil de minha tia, na aparência tão discreta, tão distante de realizar uma façanha que exigia coragem e sangue-frio. Não quero aqui diminuir a qualidade estratégica do

Doc, nem o fato de que a aparência respeitável da tia facilitava o êxito da manobra. Mas esses eram ingredientes menores, quem sabe até dispensáveis. Decisivo era o papel da tia ao entrar no teatro, entoando na medida e no ritmo certo o infalível mantra derivado de uma tradição milenar: *"Ciegos y mudos como los perros de Ayfto".*

Um mantra nacional

Essas multidões que hoje invadem Ubatuba, como acontece em outras praias, preocupam-se obsessivamente com o tempo. Consultam as previsões da meteorologia em seus celulares e na televisão e, quase sempre, sentem-se enganados, a posteriori, quando as previsões são otimistas. Apesar da destruição da mata atlântica, a regra local é a chuva, e o bom tempo, exceção.

As multidões ficam impassíveis diante dos desígnios da natureza e não sabem que existe um mantra — um tanto caprichoso, é verdade — capaz de atender a seus desejos de tempo aberto, calor e céu azul.

Para que o mantra seja eficaz, há um requisito básico: chegar a Ubatuba pela rodovia dos Tamoios e pronunciar em um determinado trecho, diante de um sítio, por três vezes, a expressão "Sítio Brejôba". Enuncio a receita para bom uso: "Sítio Brejôba, Sítio Brejôba, Sítio Brejôba, hai". Em seguida, é necessário prostrar-se e proferir novamente as palavras mágicas. Eu e os filhos, sob o olhar irônico da Cynira, cumpríamos o ritual com todo o rigor. Mas por que "Brejôba" e não Brejaúba? Porque Brejôba era a versão francesa da palavra, pelo menos tal como a pronunciava o Charles, um francês construtor de casas que se aventurou pelas paragens ubatubanas.

Seria eficaz efetuar o ritual nos dias de hoje? Antes de responder, é preciso perguntar: o sítio ainda existe? A presença da Cynira era indispensável? E a minha, acompanhado dos dois filhos? Não há outro jeito senão voltar ao ponto onde fica ou ficava o sítio Brejôba e realizar a experiência. Antes que me esqueça, um aviso: não é necessário ir de Fusca, carregado de comida. Qualquer carro serve e comida não falta pelo caminho.

Confiar desconfiando

Nos velhos tempos, confiava-se em regra nas pessoas. Para cimentar essa confiança, existia uma expressão que caiu em desuso — uma expressão forte, embora menos transcendental do que o "juro por Deus". Era a "palavra de honra". Com os anos, uma e outra dessas expressões perderam força, a ponto de passarem a ser indício de inverdade e não garantia da verdade de uma afirmação. Quem hoje em dia leva a sério a palavra empenhada verbalmente? Ou ainda, quem leva a sério a tal da honra, em nome da qual a humanidade se matou em duelos, praticou crimes estúpidos, ou desfechou guerras sangrentas?

A tendência de confiar em alguém à primeira vista gerava muitas decepções, mesmo na minha casa da avenida Angélica, onde o princípio não era levado muito a sério. Pelo contrário, sempre era lembrado o dito "confiar desconfiando". A empregada "boboca" — quem diria? — sumira de casa e dera um golpe no homem da prestação. Um negócio fechado de boca se desfazia no ar. Mas tia Rebecca ficava a salvo das decepções, blindada por outro dito mais imperioso, ainda que de rima pobre: "Caras vemos, corações não conhecemos". Sem ter realizado estudos antropométricos, ela desmontava, embora tardiamente, as teorias fisionômicas do criminalista italiano Cesare Lombroso.

Que asno se murió?

"*Que asno se murió?*", era a pergunta que tia Rebecca fazia diante de um acontecimento inusitado: a chegada de uma visita rara a nossa casa; uma doação de valor considerável feita à sinagoga por alguém rico, mas sabidamente refratário a fazer ofertas generosas a Deus ou a quem quer que fosse.

O correspondente pátrio a essa expressão dos falantes de ladino, nascidos no Império Otomano, é mais clara. "Vai chover" se diz em situações análogas, sobretudo durante um longo período de seca. Expressão mais literal, porém menos interessante.

Desde criança, a pergunta me intrigou. Por que a morte de um asno na distante Turquia rural era algo inusitado? Até que, certo dia, apareceu em casa um turquino oferecendo comidas de Pessach para quem não se dispusesse a ir até a rua José Paulino. O homem, em resposta à proverbial pergunta de tia Rebecca, "*Que asno se murió?*", respondeu com tranquilidade:

— *El de Mehmet Ali.*

Ouvi surpreendido a resposta, mas nunca me perguntei quem era esse Mehmet Ali cujo asno falecera. Quando em dias recentes me interessei pelo assunto, verifiquei que "Mehmet Ali" (Maomé, acrescido de Ali, o elevado, o sublime) é um nome bastante comum no Oriente Médio. Quem seria especificamente o personagem turco da pergunta? Percorri os caminhos hoje tão fáceis da pesquisa e constatei que o mais ilustre Mehmet Ali foi o *quediva*, ou seja, o vice-rei do Egito, nos tempos do Império Otomano. Constatei também que Mehmet Ali era o nome do primeiro piloto negro da aviação turca, cujos pais nasceram na Nigéria, e ainda que se chamava Mehmet Ali Agca o jovem transtornado que tentou matar o papa João Paulo II, em 1981. Cheguei mesmo a viajar pelo nome adotivo do grande boxeador norte-americano Muhammad Ali, que renunciou a seu nome original tão bonito — Cassius Clay. Mas não consegui identificar quem seria o proprietário do falecido asno. Imaginei que Mehmet Ali seria um nome muito comum, um equivalente a João da Silva, por exemplo.

Pensei em procurar alguém de minha família, ou de seu círculo, para esclarecer as dúvidas, mas não sobrara ninguém para completar a história.

Macumbeiros

No final dos anos 1950, o grupo trotskista ao qual eu pertencia reuniu-se algumas vezes na casa da avenida Angélica. Eu não convidava o "setor proletário" para evitar algum mal-entendido com os maiores da casa. Quem comparecia era a rapaziada universitária, que poderia passar por integrante de um grupo de estudos.

Geralmente, o camarada Mota, sociólogo uspiano, me telefonava para marcar uma reunião. Às vezes, quem atendia era tia Rebecca. Ela não dificultava a nossa comunicação. Se eu estava em casa, me chamava. Caso contrário, me dava o recado:

— Te telefonou aquele rapaz muito educado, o dos óculos, que pede por "sevzek" para falar com você.

De fato, com todo o cuidado, o camarada Mota falava formalmente, "por obséquio"; mas a tia preferia inventar uma palavra original. Afinal de contas, as duas eram bem esquisitas.

Não consigo me lembrar onde ficavam os outros membros da casa quando ocorriam as reuniões, na sala de visitas. A tia mandava servir um cafezinho acompanhado de biscoitos e, muito discreta, saía rapidamente da sala.

Às vezes, ela me perguntava com ar distraído:

— A reunião dos macumbeiros foi boa?

Nunca arrisquei ir além de uma vaga resposta. Como a hipótese de a tia Rebecca ser uma informante das autoridades constituídas não pode ser levada a sério, imagino que ela tivera contatos no passado com gente do "velho trotskismo", ou, quem sabe, acompanhara uma parte do drama de Trótski, exilado na ilha turca de Prinkipo.

Quando perguntava se eu tinha gostado da reunião, talvez quisesse saber se aqueles rapazes dominavam conceitos como os de revolução permanente, ou de desenvolvimento desigual e combinado. É pena, mas nunca lhe demos atenção.

Juros mortais

Sempre tive certa birra com os cartórios e a atividade dos cartorários. Cartórios se associam a filas, a calor, à inutilidade do reconhecimento de firmas, a carimbos cuja multiplicação parece garantir a autenticidade dos documentos.

Na sessão destinada às escrituras, o clima costuma ser outro. Silêncio, compenetração, a não ser quando estouram inesperadas divergências entre as partes. Diante de um escriturário, sentam-se pessoas de cara fechada, que acompanham com dificuldade palavras ou frases anacrônicas, pronunciadas em velocidade, como se qualquer falha no entendimento pudesse produzir danos materiais irreparáveis.

Em alguma data do ano de 1953, me vejo sentado com meu pai num escritório do Banco Nacional Imobiliário, no centro da cidade. Vamos assinar uma escritura referente à construção do edifício Três Marias, na esquina da avenida Paulista com a rua Haddock Lobo.

Um escrevente de meia-idade começa a ler as primeiras linhas da peça e dela salta o nome do representante do banco, Orozimbo Roxo Loureiro, figura muito conhecida na São Paulo dos anos 1950.

Chega aos meus ouvidos, percorrendo em segundos um longo caminho, a propaganda musical de uma iniciativa de Orozimbo Loureiro: "Um cruzeiro, dois cruzeiros, o papai vai dar pra mim/ vou guardar o meu dinheiro no Kanguru Mirim". A propaganda se destinava a incentivar a poupança das crianças, a partir de moedas introduzidas numa caixinha de madeira, com um desenho do marsupial australiano. Me embalo na musiquinha e quase perco o fio do murmúrio do escrevente.

Ouço parte de uma frase: "... no terreno, de propriedade de Fulano de Tal, havia uma construção absoleta...". Penso em corrigir, mas deixo passar. A interrupção provocaria uma penosa parada no ritual e, quem sabe, uma conversa interminável em torno da ortografia da palavra. Tanto mais que a versão "absoleto" gerou inúmeras discussões linguísticas até ser excluída do vernáculo recentemente.

A construção "absoleta" tivera seus dias de glória. Fora uma casa imponente, como todas as casas da avenida Paulista construídas nos primeiros decênios do século XX. Pertencia à família Cardoso de Almeida, cujo membro mais destacado foi José Cardoso de Almeida, deputado estadual e federal por São Paulo, na Primeira República, além de chefe de Polícia do estado.

O escrevente prosseguiu na leitura, sem ser interrompido até o final. Nem notou o sobressalto de meu pai, na parte em que a escritura previa juros de mora, no caso de atraso dos pagamentos. Cauteloso, ele me perguntou baixinho:

— Que história é essa de juros da morte? — No mesmo tom, respondi do que se tratava. Pensando bem, a expressão paterna fazia sentido. O que são os juros de cartões de crédito, de cheques especiais e quejandos, outra coisa que não juros da morte?

Derrota francesa

Nos primeiros lances da Segunda Guerra Mundial, a derrota da França provocou consternação na casa da avenida Angélica. Como fora possível o avanço vertiginoso da Alemanha nazista, a tal "blitzkrieg" a que todos nos referíamos com temor e assombro? Como fora possível ultrapassar a "inexpugnável" Linha Maginot e ocupar Paris? Paisico, que tinha muito presentes os fatos da guerra de 1914-8, espantava-se com o fracasso dos militares franceses e com sua covardia, ao se humilharem na rendição.

Ele se lembrava, particularmente, do marechal Pétain, o vencedor da batalha de Verdun, admirado na França e em outros países. Mas logo encontrou uma explicação para o comportamento do marechal, chefe do governo títere de Vichy:

— Pétain é um velho de setenta anos que não sabe o que está fazendo.

Os meninos da casa aceitaram a explicação e, ao longo da guerra, buscaram outros heróis, como o general De Gaulle e o invencível Churchill, que não tinha pinta de super-homem.

Saburu Kuruzu

No curso da Segunda Guerra Mundial, quase nos esquecemos, em casa, do quadro asiático. Até que, pelas ondas do *Repórter Esso* — o primeiro a dar as últimas —, ouvimos o relato do ataque japonês a Pearl Harbour, em 7 de dezembro de 1941, que arrasou a frota naval americana no Pacífico. Como a maior potência do mundo fora vítima de uma surpresa tão desastrosa, perguntavam-se os adultos de casa? Como os japoneses puderam preparar, sem ser percebidos, uma traição dessa magnitude? A referência à traição dizia respeito ao fato de que, nas semanas que antecederam o ataque, o Japão enviara aos Estados Unidos um diplomata — o enigmático Saburu Kuruzu — para ganhar tempo em conversações com o secretário de Estado americano, Cordell Hull, acerca de um suposto acordo para aliviar tensões no continente asiático.

Paisico sintetizou em uma frase o conteúdo verbal dos entendimentos. Hull, imbuído de boa-fé, perguntara ao emissário japonês se ele queria de fato chegar a um acordo. Kuruzu, na prosódia de Paisico, repetira em tom monocórdio uma frase: "*Yo no... quiero*" (suspensão e a seguir ênfase na última palavra). Desnorteado, Hull tentou interpretar a expressão, ao longo de várias semanas, sem chegar a um resultado. Tempo suficiente para que Tóquio completasse os preparativos ao ataque a Pearl Harbour.

Mas é preciso fazer justiça. Saburu Kuruzu, o "terrível representante do governo japonês", era uma figura especial. Tinha sido cônsul em Chicago nos anos 1920, falava inglês fluentemente e casara-se com uma jovem americana, com quem teve três filhos. Ficou internado nos Estados Unidos até 1942 e, nesse ano, voltou ao Japão numa troca de diplomatas. Sempre sustentou que nada sabia do ataque a Pearl Harbor, segundo ele, maquinação ultrassecreta dos militaristas. Ao fim da guerra, em 1945, não foi processado pelos americanos que ocuparam o Japão. Evitou as grandes cidades e viveu no campo em companhia da mulher, quem sabe traumatizado pelo lançamento das bombas atômicas sobre Hiroshima e Nagasaki.

É hora de pensar na reabilitação de Saburu Kuruzu. Mas quem vai se interessar pelo assunto, sepultado por milhares e milhares de acontecimentos?

Pergunta e resposta

No fim da Segunda Guerra Mundial, todos em minha casa tínhamos os olhos postos no Tribunal de Nuremberg. Torcíamos para que os líderes nazistas fossem condenados à forca, sem distinções. As gradações, as circunstâncias atenuantes não faziam diferença. Paisico leu no *Estadão* que o Uruguai se opunha à existência do tribunal, sob a alegação de que ele julgaria os réus por crimes anteriormente não previstos — crimes contra a paz e contra a humanidade —, violando assim um dos princípios básicos do direito penal: "*Nullum crimen nulla poena sine lege*" (Não há crime nem pena sem lei anterior que os defina). Voltando-se para mim, ele inquiriu, indignado:

— O que você acha da proposta besta do Uruguai?

Respondi que não fazia sentido. Mal sabíamos, ele e eu, que essa foi uma das questões levantadas não só pelo Uruguai, como por alguns juristas e pela defesa dos réus. Mas, nas circunstâncias tão excepcionais, a proposta era besta mesmo.

Os favores de Lúcifer

Lúcifer, o anjo decaído, ao contrário do que certos fanáticos religiosos pensam, não contém em si o Mal absoluto; tal como Deus ou os deuses não representam o Bem sem fissuras. Não fosse assim, como explicar as maldades divinas lançadas do alto, na terra dos homens? Ou, inversamente, como explicar atos de bondade de Lúcifer?

Um desses atos se revela em sua atitude de conceder à legião de habitantes dos infernos a graça de poder visitar, periodicamente, o mundo terrestre. Na seleção de todos os anos — medida terrena utilizada para facilitar o expediente, embora sem sentido no infinito —, Lúcifer escolhe os pretendentes, de acordo com diferentes critérios. No ano de 2019, ele estabeleceu um dos critérios mais difíceis: o da suprema maldade. Manipulou, excepcionalmente, a seleção, ao sugerir que dois personagens se apresentassem: Adolf Schicklgruber e Ióssif Djugachvíli, mais conhecidos como Hitler e Stálin.

A simples menção desses nomes afastou a concorrência. Stálin logo se inscreveu, dizendo que ficaria feliz em voltar à terra dos humanos. Nada sabia a respeito, desde sua destinação aos infernos — uma suprema injustiça, segundo seres terrestres que o idolatravam e ainda idolatram. Ele morreu em 1953, na contagem dos vivos, recebendo homenagens e expressões de profunda tristeza não só de seus milhões de correligionários, como também de muita gente que admira os grandes deste mundo, sejam eles quem forem. Gente pronta a esquecer os crimes que Stálin cometeu e que sempre louva seu papel relevante na Segunda Guerra Mundial.

Como nunca mais voltara a pensar na humanidade, entretido com seus múltiplos afazeres sob as ordens de Lúcifer, Djugachvíli resolveu dar uma espiada na sala de mapas existente na administração infernal para localizar sua menina dos olhos — a União Soviética. Não conseguiu encontrá-la. Pensou que havia algo de errado naquele mapa e buscou outro, sem resultado. Para sua maior inquietação, verificou que não só inexistia menção à União Soviética, como em seu lugar, em território mais restrito, constava a designação "Rússia".

O guia genial dos povos intuiu o que acontecera. Seus esforços de mais de trinta anos tinham sido inúteis. Para construir a União Soviética, não hesitara em liquidar a velha guarda revolucionária: Bukhárin — o menino de ouro do Partido —, Kámenev, Zinóviev, e muitos outros; não tivera dúvidas em perseguir ferozmente Trótski, de quem não gostava pelo cosmopolitismo e pela arrogância, mas que não era agente de todos os imperialismos do mundo, inclusive o japonês; não vacilara em matar de fome milhões de camponeses nos anos 1930, sob o pretexto de combater sabotadores; não receara levar à morte outros milhões e milhões de combatentes na Grande Guerra Patriótica; não resistira heroicamente em Leningrado e Stalingrado para salvar a pátria e liquidar quantos alemães pudesse, proclamando que "alemão bom era alemão morto".

Djugachvíli teve um acesso de fúria que lembrava os tempos em que era, por assim dizer, humano, e nem quis ouvir alguns russos recém-chegados, os quais tentavam convencê-lo de que as coisas não andavam tão mal assim. É certo que um idiota desmembrara a União Soviética com suas próprias mãos, encantado com o brilho falso do mundo ocidental. É certo também que outro idiota, além disso alcoólatra, pretendera implantar um regime democrático na pátria que ele, Stálin, construíra com mão de ferro. Mas isso havia passado. Se não vivia o melhor dos mundos, diziam-lhe, a Rússia estava nas mãos de um antigo agente da GPU, um homem que absorvera seus ensinamentos e sabia como agir contra os opositores. Mas ele não quis ouvir mais nada. Se a União Soviética já não existia, se voltara a ser Rússia, para que retornar à terra?

Decepcionado, Lúcifer voltou-se para Schicklgruber, fazendo a mesma oferta, com a quase certeza de que ele aceitaria. O ex-Führer, entretanto, tomou aquilo como brincadeira de mau gosto. Ele descera aos infernos numa situação terrível, incompreendido pelo mundo, sepultado no bunker de Berlim transformado em um montão de escombros. O Quarto Reich, seu grande sonho, que deveria durar mil anos, nem chegara a nascer.

Talvez conseguisse ultrapassar tudo isso — pensou — com a têmpera que sempre tivera. Porém, uns judeus recém-chegados lhe contaram que "aquela raça de vermes" não fora extinta e estava por toda parte, nas universidades e nos bancos, chegando ao ponto de fundar um Estado forte, capaz de repelir ataques de seus inimigos com o emprego de armas nucleares. Lamentou-se por não ter conseguido varrer os malditos judeus da face da Terra, mas consolou-se, ao confirmar o que desde sempre sabia: os Protocolos dos Sábios de Sion não eram um documento falso, fabricado pela polícia tsarista. Suas previsões vinham se cumprindo e Israel estava a ponto de dominar o mundo.

Schicklgruber não quis ouvir mais ninguém. Nem mesmo seus seguidores que tinham chegado aos milhões ao reino de Lúcifer. Também no seu caso deveria ter ouvido o conselho dos amigos. Partindo das ruínas, os ensinamentos do Führer chegavam aos quatro cantos do mundo, após um longo período de recuo. E até na martirizada Alemanha ressurgira o partido nacional-socialista, embora com outro nome.

Diante das recusas, Lúcifer concluiu que, naquele ano, já não tinha candidatos para a viagem à terra dos homens. Aprendera uma lição. Na próxima vez, não escolheria gente como Djugachvíli e Schicklgruber, muito próxima dos acontecimentos terrenos para perceber o valor da oferta. Começou a pensar em nomes mais distantes, como Gêngis Khan, Átila, Nero. Era cedo para decidir, mas Nero era um bom nome. Fazia muito tempo que ele, Lúcifer, andava indignado com a maioria dos humanos. Quem sabe não valeria a pena contar com a colaboração do imperador romano e tacar fogo naquele mundinho insignificante?

Trote

José Salem Sobrinho, mais conhecido como Zé Alto ou Zé Comprido, é um personagem central de outras histórias que escrevi. Ele era primo em segundo grau de minha mãe e veio para o Brasil na segunda metade dos anos 1920. Solteiro, teve apenas casos esporádicos com diferentes mulheres, falava em linguagem direta o que pensava, e foi um apaixonado pelas corridas de cavalos, jogando apenas o que não lhe fazia falta.

A sala grande da casa da avenida Angélica só se abria em momentos especiais. O momento especial, no caso, era meu aniversário e, pelos convivas presentes, o jantar deve ter ocorrido no início da década de 1950. Sentadas à mesa, lado a lado, duas pessoas que não poderiam ser mais diversas: a Leila e o Zé Alto. Leila era casada com meu amigo José de Castro Bigi, que, por indicação de minha tia Rebecca, se sentara em cadeira mais distante. Excelente advogado, ele foi, acima de tudo, grande torcedor e dirigente corintiano.

Como o Zé Alto não gostava de silêncio, resolveu comentar uma historieta cavalar, que eu lhe havia contado; o cenário tinha sido o Jockey Clube do Rio de Janeiro, num sábado à tarde. Lá estávamos eu e o Bigi, ele estreante nas corridas e eu um pouco mais experiente.

Bigi acertou suas apostas nos primeiros páreos e, a partir daí, como quem descobre um caminho fácil de ganhar dinheiro que ainda ninguém percebera, apostou imoderadamente, fazendo escolhas pela farda do jóquei, pelo nome de éguas e cavalos, com preferência pelas designações francesas. No fim, saiu das corridas com uma bolada nada desprezível.

Leila, que até aí ouvira vagamente a historieta, começou a interessar-se:

— Então, seu José, meu marido ganhou uma bolada?

— É, ganhou sim, d. Leila, mas deixa eu contar o resto da história. Uma semana depois, o Gibi — versão do nome Bigi, segundo o Zé Alto — insistiu com o Boris para irem no "jok" aqui em São Paulo. Mas então deu tudo errado. Ele perdeu o que tinha ganhado no Rio e mais alguma coisa. Não foi culpa dele, isso acontece com muita gente, ali não é lugar de ganhar dinheiro. Nem lá, nem no "trot".

— "Trot"? — estranhou a Leila. — Nunca ouvi falar.

— Nunca ouviu falar? Pois podemos uma noite ir na Vila Guilherme para ver as corridas de charretes, o "trot" é isso. Jogamos alguma coisa, tomamos uns guaranás e voltamos meio cedo porque o dia seguinte vai ser dia de trabalho. É um programa diferente, bem divertido.

A Leila estranhou:

— Mas, seu José, lá não vai muito cafajeste?

— "Cafajest", d. Leila, "cafajest" somos todos.

Como rústico que era, Zé Alto não gostava da classe dos grã-finos. Abaixo desta, todos e todas faziam parte do populacho, dos "cafajestes", em meio dos quais, sem ser um deles, ele se sentia à vontade.

A avenida Angélica e a rua Maranhão

O que poderia haver de comum entre o mundo da avenida Angélica e o da casa da rua Maranhão, residência da família de Cynira, em Catanduva? A nítida atribuição de papéis masculinos e femininos, sem gradações. Os homens cuidavam dos negócios e proviam o necessário para a esposa e os filhos. As mulheres cuidavam da casa, cozinhavam ou orientavam seus serviçais. Essa era sua competência absoluta, mas, ao mesmo tempo, as falhas nesse terreno constituíam uma demonstração de fracasso.

A semelhança termina aí. Na casa da avenida Angélica, quem se insurgia contra algum prato era o Paisico, que tinha certa voz nesse setor. Quando decretava "esto está chevdo" (sem gosto) ou, ao contrário, "esto está salitra", fazia-se um rápido silêncio seguido de uma contestação da tia Rebecca acerca da incompreensão do marido.

Na casa de Catanduva, quando C. decretava "o bacalhau tá sargado", não havia apelação. O silêncio absoluto condenava a senhora da casa e o bacalhau.

O valor dá-se a quem tem

A propósito de "chevdo", há um provérbio ladino curioso, nascido nos tempos do Império Otomano: *"Chevdo en la mesa, salado en la cabeza"*. Esclarecendo: se a comida veio insossa à mesa, é possível remediar, pondo sal; mas se ela veio salgada, não há remédio e o garçom deve levá-la de volta. Mas por que levá-la "na cabeça"? Porque os garçons costumavam colocar no cocoruto a comida que ia e vinha, como demonstração de destreza. (Copyright by Felipe Junqueira Fausto, dando gosto ao que era "chevdo".)

A lituana imponente

A lituana imponente não era uma princesa exilada, mas uma simples empregada de casa. Entretanto, não deixava de ser imponente. Alta, loira, de olhos azuis, destoava daqueles baixinhos a quem prestava serviços. Não era bonita, traços duros sulcavam seu rosto, o corpo se destacava pelas linhas retas, mas no todo, sua presença impressionava.

Yusha tinha um namorado português, um senhor de meia-idade, porteiro de um hotel no centro da cidade. Quando ele telefonava lá para casa, caprichava na boa educação e pedia para falar, se não fosse incômodo, com sua noiva — a Yusha. Em alguns domingos, quando o namorado não tinha folga, a Yusha saía para dar um passeio na praça Marechal Deodoro, onde se formava um footing, acompanhada pela Geralda. Magrinha, feiosa, a Geralda era a outra empregada de casa, que contrastava, nitidamente, com a figura da colega de serviço. À primeira vista, parecia que o contraste favorecia a Yusha. Mas não era bem assim:

— Não consigo conversar com algum moço bonito — dizia ela —, a Geralda me atrapalha.

Depois de mais de um ano de trabalho, a Yusha pediu férias para visitar a família no Paraná. Quando regressou, tia Rebecca lhe perguntou se sua família estava bem, se tinham ficado contentes em vê-la, essas coisas. A Yusha deu uma resposta diferente. Sem nunca ter ouvido falar no politicamente correto, ela relatou maravilhada que, no trem da ida, conversara muito com um preto, um preto retinto, e ele lhe contou que ganhava quatro contos! Quanto deveria ganhar a Yusha? Uns quinhentos mil-réis, penso eu.

Frase inconveniente

Maria Campaner — a Ia —, babá de meu irmão Nelson, era uma mulher robusta, de meia-idade, com traços de descendente de italianos do norte, nascida em Americana, no interior de São Paulo. Não tinha sequer uma instrução rudimentar, mas deixou sua marca no quadro das relações familiares da casa da avenida Angélica.

Ao demonstrar amor ao meu irmão Nelson, a Ia costumava usar uma expressão equívoca:

— Vem cá, filho dos *otros*.

A expressão passaria batida, não fosse o Paisico. Ele não ousava recriminar a Ia diretamente, mas lançava no ar um protesto:

— Que mania tem esta mulher com essa história de "filho dos *otros*". Quem são esses filhos? O Nelson tem família, ela não pode dizer isso.

História antiga

Aconteceu há mais de quarenta anos. Num domingo, recebi um telefonema de um amigo muito próximo, pessoa discreta, cuidadosa na organização de sua vida, alguns anos mais velho do que eu.
— Boris, preciso falar com você.
Dado o tom preocupado, respondi:
— Claro, pode vir, aconteceu alguma coisa?
— Está acontecendo, não é de hoje, o assunto está me tirando o sono e prefiro não contar por telefone.
Enquanto o Amaro não chegava, fiquei imaginando que assunto poderia envolver tanto segredo. A política estava excluída, a nossa amizade não corria por aí, pois ele era a pessoa mais apolítica deste mundo. Algum affaire amoroso me parecia excluído. Amaro tinha vocação para a monogamia desde jovem e não iria agora, aí pelos quarenta anos, embarcar numa aventura que sempre envolve riscos. Traição da mulher? Impossível, a boa senhora ocupava seu tempo com os vários filhos, com seu emprego, com

o marido a quem amava, e não devia passar-lhe pela cabeça — penso eu — nem mesmo um devaneio erótico.

Amaro chegou em poucos minutos, entrou com ar de mistério, ainda a tempo de eu imaginar uma hipótese improvável, mas ao menos possível. Num impulso, ele deixara transbordar o lado agressivo que todos temos, e liquidara alguém que odiava. Afinal de contas, eu era advogado apreciador de romances policiais.

Errei. Como um católico penitente diante do confessor, Amaro murmurou com certo embaraço:

— Eu nunca declarei o imposto de renda.

Contive o riso e o acalmei:

— Você nasceu agora, antes nunca existiu.

Ele ficou pasmo, calou-se por alguns minutos e, de repente, respondeu exultante:

— Que maravilha! Você consegue isso?

— Não consigo, não faço milagres, vai acontecer, não preciso fazer nada.

E de fato aconteceu. Para efeitos fiscais, Amaro nasceu naquele ano e, se continuou a não dormir em paz, será por outras razões, pois nunca ouviu o rugido do leão.

Devo esclarecer que Amaro não se chamava Amaro. É um nome fictício que resolvi empregar. Por que fiz isso? Por temor da Receita. Embora a dívida do meu querido amigo esteja prescrita há muitas décadas, quem sabe, a partir de um nome e sobrenome verdadeiros, algum auditor fiscal iria importunar sua viúva?

A viúva intocada

Quando Ruy se formou em direito, para atender à vontade de nosso pai, Zé Alto ironizou:

— Ruí, você me defende? Deflori una viúva.

Ruy e eu logo nos demos conta de que a "viúva virgem", na vida real, não era uma personagem impossível, uma contradição em termos. As premissas básicas para a existência da "viúva virgem" eram que seu marido estivesse morto e ela sexualmente intocada.

Preenchida a premissa, as hipóteses se desdobram. O infeliz marido sofre um mal súbito, decorrente da emoção, da bebida, do excesso alimentar durante a festa de casamento, e morre. A cena pode ocorrer pelas mesmas razões, ao deitar-se no leito nupcial. Acréscimo de dramaticidade, o marido não consegue cumprir o débito conjugal, como provectos juristas diziam outrora, e, diante da falha de seu papel masculino, arranca de uma gaveta um revólver e se suicida com um tiro no peito.

Além disso tudo, Zé Alto ignorava o artigo 1542 do Código Civil, que autorizava o casamento por procuração. Vê-se, nesse caso, que um moçoilo em Portugal bem poderia casar-se com uma rapariga no Brasil e, ao demorar-se para vir a seu encontro, acabar caindo em uma armadilha da Parca.

Mas nada disso é para se levar muito a sério. O Zé Alto não estava para hipóteses preciosistas. O que ele queria, creio eu, era puxar as orelhas do Ruí, por desprezar uma carreira no mundo jurídico, trocando-a pela filosofia. Atitude discordante de um longínquo parente que, ao se referir a meu irmão, dizia com todo o respeito:

— Ruí, *le philosophe.*

Autofalante

Grande notícia para os autofalantes, que não se confundem com os alto-falantes. Eles são seres humanos, entre os quais me incluo, que têm o vício de falar para si mesmos. É uma tribo grande, composta de solitários e não solitários, estigmatizada quando seus membros são pegos em flagrante. Lembro-me de um professor da Faculdade de Direito, sensível poeta, tido como meio doido por andar pelas ruas do centro velho de São Paulo falando ou quem sabe poetando consigo mesmo. Ruy era um especialista nesse vezo, e imagino que significativas interpretações de textos filosóficos foram murmuradas e mastigadas antes de se derramar em seus livros. Encontrei a valorização do autofalante no UOL (*Conexão Viva Bem*, 29 jul. 2020). A matéria alinha uma série de considerações, como a da neurocientista Franciele Maftum, da Universidade de Reading, no Reino Unido, para quem "as áreas ativadas pela fala não são as mesmas das emoções. Quando você coloca em palavras o que está sentindo e consegue escutar a si mesmo, alivia o peso na área emocional e sai da ruminação mental que causa sofrimento". A psicóloga brasileira Juliana Graciano, das Faculdades Metropolitanas Unidas (FMU), vai no mesmo sentido, mas adverte que o limite do falar sozinho é o autocontrole. Por exemplo, responder a vozes pode ser sinal de um surto psicótico, ou mesmo de esquizofrenia. Isso, fulanizando, desde a adolescência Ruy e eu já sabíamos. Falávamos para nós mesmos, ou repetíamos em voz alta expressões enigmáticas, por muitas e muitas vezes. Nesses momentos, um advertia o outro:

— Cuidado, de repente, você entra numa dessas, não consegue parar e não volta mais.

Nestes tempos de pandemia, para amenizar o isolamento, adquiri o hábito de dirigir locuções pesadas a anunciantes da TV que, aos berros, proclamam a fantástica qualidade de eletrodomésticos, automóveis, roupas e outras centenas de produtos.

Se esses personagens algum dia interromperem a gritaria e responderem às minhas "delicadezas", é sinal de eu ter passado dos limites do autocontrole? Segundo as ilustres especialistas, a resposta seria afirmativa; mas não sei não. Tem acontecido tantas coisas estranhas...

Questão de perspectiva

Josek Plonka era um judeu polonês baixinho, de olhos azuis muito vivos, costas curvadas pelo peso das mercadorias que carregara pela vida afora. Ele era meu cliente, num escritório no centro da cidade, no início dos anos 1960, principalmente em ações judiciais contra seus vários inquilinos.

De vez em quando, encontrava-se com meu pai, que alugava uma sala no mesmo prédio e ia ao meu escritório uma vez ou outra. Simon e ele tinham uma semelhança básica. Chegaram pobres ao Brasil e, com muito esforço, subiram na vida, como se costumava dizer. Era com prazer que falavam sobre os caminhos trilhados, sobre os percalços e, sobretudo, sobre o final feliz.

Os dois divergiam na escolha desses caminhos, travando uma discussão habitual entre imigrantes bem-sucedidos. Quando foi possível acumular algumas sobras, o que teria sido melhor fazer? Comprar um imóvel, comprar títulos públicos, colocar os ganhos em várias cestas?

Meu pai foi sempre partidário da liquidez, enquanto Plonka optara por bens imóveis. Para se justificar, pois sua opção era francamente minoritária, Simon afirmava que nem sempre resistira à compra de imóveis, mas as circunstâncias o tinham levado a ter seu dinheiro à mão. Narrou ao Plonka uma história, passada em 1940, acerca de um conjunto de casas geminadas na rua Humaitá, próxima à avenida Brigadeiro Luís Antônio, que pretendia comprar. Como o preço era razoável — sessenta contos de réis —, ele resolvera fazer o negócio, embora o rumo da Segunda Guerra Mundial o preocupasse.

De fato, naquele ano de 1940, os alemães tinham iniciado a blitzkrieg que os levaria à conquista de quase todo o continente europeu. Só não falou ao Plonka que, além dessa incerteza, andava muito triste, temeroso de negócios arriscados, carregando o luto pela morte de minha mãe, dois anos antes.

Enquanto os papéis da transação imobiliária estavam em preparo, ao sair de seu escritório, Simon passou diante de uma banca de jornais e viu na primeira página de *A Gazeta* a manchete aterradora: OS ALEMÃES ENTRAM EM PARIS. Era 14 de junho de 1940. Desalentado, comprou o jornal e, chegando em casa, trancou-se em seu quarto, sem falar com ninguém. O negócio — nem seria preciso dizer — nunca se realizou.

Plonka, que ouvira o relato em obsequioso silêncio, fez uma única pergunta:

— O senhor tinha sessenta contos em 1940?

Um inglês colombiano

Malcolm Deas foi a primeira pessoa que encontrei em Oxford, na minha primeira ida à Inglaterra, no início dos anos 1970. Esse encontro ocasional foi difícil. Ele falava um inglês oxfordiano, como se tivesse uma batata quente na boca, e eu não entendi nada do que dizia. Pensei que aquela fala fosse a norma culta da austera universidade e previ uma comunicação tormentosa.

Logo percebi que se falava inglês com os mais diversos sotaques, e me acalmei. Também não era imprescindível entender tudo o que Malcolm falava, e tenho a impressão de que muitas vezes ele dialogava consigo mesmo. Nos tornamos amigos, frequentadores de uma cantina italiana em que ouvíamos óperas da época do bel canto na voz de Caruso, Gigli e outros mais, enquanto deglutíamos espaguetes que eu tinha grande dificuldade de enrolar, antes de levar à boca, como manda o figurino.

Deas vivia fascinado pela Colômbia e, especificamente, pelo estudo de uma fazenda produtora de café, no departamento de Cundinamarca. Ao que eu saiba, não havia no Centro Latino-

-Americano quem se lembrasse de que o departamento de Cundinamarca tivera um papel importante nas guerras pela independência de Nova Granada e em outros feitos.

Se ninguém ouvira falar em Cundinamarca, quem poderia conhecer uma fazenda de café, perdida no agro colombiano? Houve até gente maldosa que duvidava da sua existência, quem sabe um truque — diziam — que justificaria a permanência de Malcolm na serena vida de Oxford.

O tempo rodou por mais de quarenta anos. Nunca mais me encontrei com Malcolm Deas. Referi-me a ele em um de meus livros, e foi só. Agora, em meio à pandemia, ao escolher algumas séries para enfrentar as ondas do tédio, dei com a empolgante *Escobar*, protagonizada por Wagner Moura. Ao longo de semanas, convivi com traficantes para quem matar é um incidente trivial, fui a suas festas luxuosas em que luziam mulheres bonitas, conversei com membros de uma elite corrupta e com generais engalanados; assisti à morte de políticos que empreenderam o combate ao tráfico; fiquei face a face com a figura do traficante, misto de monstro e de herói, para a população de Medellín; acompanhei a diversidade da política americana na luta contra a droga.

Durante semanas a história da Colômbia foi o centro do meu interesse e Malcolm Deas voltou à tona. Quis me informar sobre sua carreira, sobre as distinções acadêmicas, e localizei seu trabalho sobre a fazenda Santa Barbara, que existia, sim. Tive um sentimento de tristeza ao constatar que a fazenda desaparecera, dando lugar a um elegante shopping center, para o gosto comum.

Pensei em entrar em contato com Deas — um respeitável acadêmico de oitenta anos ou mais, e propor a ele um estudo comparativo entre a fazenda Santa Barbara e a fazenda dos Dumont Villares, no interior de São Paulo, perto de Ribeirão Preto, acreditando existir certa correlação entre as duas. Mas logo me lembrei das primeiras linhas de um poema do simbolista Alphonsus de Guimaraens: "Como se moço e não bem velho eu fosse/ Uma nova ilusão veio animar-me". Despi-me da ilusão e me consolei, ao lembrar uma frase da sábia tia Rebecca, quando alguém lhe propunha realizar algo que a idade não permitiria: *"Para la otra vez que venga"*. Foi um consolo de alguns segundos, pois logo percebi que a frase não tinha sentido literal. Na verdade, tinha sentido irônico, significando algo impossível de acontecer.

Café e algodão

Leio as memórias de Floriza Barbosa Ferraz, com o título de *Páginas de recordações*, publicadas pela editora Chão. É o relato de uma obstinada fazendeira de café no interior de São Paulo, durante as primeiras décadas do século XIX, que enfrenta o gradativo declínio de sua fazenda. A certa altura, ela atribui o declínio a várias causas, entre elas, a opção alternativa pelo plantio de algodão que desperdiçou muito esforço e dinheiro, e deu prejuízo. Taxativa, Floriza diz "ter sido um grande crime substituir cafezais formados pela cultura aventureira do algodão".

Ercilio, administrador da fazenda de meu sogro, sem conhecer a fazendeira memorialista, concordava com ela. Contemplando o canavial vicejante e as seringueiras que começavam a produzir leite, ele ponderava:

— Está tudo muito bonito, mas o café é o café e algum dia ele vai voltar, se Deus quiser.

Floriza agarrava-se à tradição e, avessa ao risco, lamentava as desastrosas experiências alternativas. Ercilio, um homem cansado, com cerca de setenta anos, associava o café à sua juventude, aos tempos felizes que iriam voltar.

Por fim, Zé Alto, pragmático, sem ligações com a Mãe Terra, me explicou certo dia como a firma familiar — Levy, Salem & Cia. — ultrapassara a crise mundial de 1929: "O *algodón* nos salvou". A salvação viera das compras alemãs, *malgré* Hitler, enquanto o sacrossanto café era cremado pelo dr. Getúlio.

Nossa rainha

Em julho de 2020, morreu Martha Rocha, Miss Brasil de 1954, derrotada por "duas polegadas a mais" no concurso de Miss Universo. Segundo revelou seu filho, ela vivia em uma casa de saúde, em cadeira de rodas. Se a velhice é sempre difícil — "a melhor idade" é uma idiotice do marketing —, ela é ainda mais difícil quando se trata de gente que se destacou particularmente pela beleza, como é o caso da nossa miss.

Nos anos 1950, a crítica aos concursos de beleza não ganhara muita relevância, mesmo porque a denúncia do machismo e a defesa da política de gênero ainda ensaiavam seus primeiros passos. Pudemos torcer sem constrangimentos pela moça baiana, e a sua derrota — ser vice também nos concursos de beleza, para nós, não vale nada — deixou a rapaziada bem triste.

Tive um encontro fugaz com Martha Rocha, na cobertura de um hotel em Copacabana, durante a passagem do ano de 2003 para 2004. Como fui parar lá? Cynira sempre insistira comigo que gostaria muito de ir ao Rio num fim de ano para assistir à queima de fogos e à grande festa na praia.

Embora eu não tivesse muita atração pelo programa, resolvi concordar para fazer jus ao equilíbrio de vontades, princípio essencial da estabilidade dos casamentos. Com antecedência, decidimos tudo, e a escolha do hotel deveu-se ao fato de que sua cobertura tinha a melhor vista da praia.

Aí, aconteceu o pior. Em outubro de 2003, Cynira começou a se sentir mal, fez uma série de exames com resultados preocupantes e recebeu um diagnóstico de câncer no pulmão, com previsão de morte num prazo de quatro ou cinco meses, que não se confirmou. Fiquei arrasado, embora a "estrela" do drama fosse ela. Quis suspender a viagem ao Rio, com a intenção de ficar bem escondido em casa. Cynira reagiu veementemente:

— Que mania você tem de se encolher. Agora é que nós vamos mesmo e com os filhos e netos.

Fomos. No dia 31, alguns minutos antes da meia-noite, subimos ao terraço onde havia muita gente, música ruim na altura previsível, e um show horripilante cujos principais protagonistas eram negros musculosos tocando atabaques, numa representação do que seria a África, na cabeça de algum mentecapto.

Saudamos o ano com taças de champanhe, me comovi vendo Cynira amparada pelos filhos, mas, contrariando Drummond, tive a sensação de que o último dia do ano é o último dia do tempo. De repente, me passou pelos olhos Martha Rocha, sentada a uma mesa próxima, em companhia de um grupo de amigos. Num impulso, fiquei diante dela, admirando os traços ainda existentes de sua beleza. E cantei, em homenagem à musa, os primeiros versos de uma marchinha que foi muito popular: "Por duas polegadas a mais/ passaram a baiana pra trás/ Por duas polegadas, e logo nos quadris/ Tem dó, tem dó seu juiz!". Me calei, ao ver Martha Rocha ensaiar um muxoxo. Humilhante decepção. Virei as costas e fui me juntar à família, com muita raiva, sob o olhar dos filhos que pareciam dizer: "Que papelão! só mesmo o papai".

A imagem forte que me ficou daquela passagem de ano não foi a de Martha Rocha e sim de Cynira e dos filhos. Mas, de vez em quando, a cena decepcionante aparece diante de meus olhos e eu trato de entender a miss. Seria aquele ensaio de homenagem muito desagradável para ela, por recordar uma derrota injusta em seus tempos de esplendor?

Também este relato poderia não fazer o menor sentido. Emocionado como estava, com algumas taças de champanhe a mais, quem poderia garantir que aquela "Martha Rocha" não fosse uma turista interiorana, deslumbrada com a festa na praia de Copacabana numa noite de verão?

Psicanálise

O homem andava à noite por uma rua muito escura e à sua frente havia um imenso buraco sem sinalização. Ele caiu no buraco e se machucou bastante. Mesmo assim, como tinha consulta com um psicanalista no dia seguinte, todo dolorido, foi em busca de consolo. O doutor explicou-lhe que ele havia buscado com excessiva persistência o útero da mãe, de onde nunca deveria ter saído. O homem não entendeu nada, mas carregou um imenso sentimento de culpa até o fim da vida.

Mal-entendidos

Roberto Schwarz, pensador de primeira linha e poeta, amigo de meu irmão Ruy, escreveu há tempos, em 1985, um poema com o título singular de "Mão no pau", publicado no extinto "Folhetim" da *Folha de S.Paulo*. Seu adversário nas sendas literárias, Haroldo de Campos, poeta e tradutor também de primeira linha, criticou o poema, sem meias-palavras.

Nessa época, Haroldo era meu companheiro na Consultoria Jurídica da USP. No dia seguinte à publicação da crítica, ele chegou ao trabalho, sentou-se à sua mesa no fundo da grande sala coletiva dos consultores, pondo-se a examinar um volumoso processo entre profundos suspiros.

O consultor jurídico chefe, o dr. Figueiredo, colega de poucas palavras, conservador, levantou-se de sua mesa e, em passos lentos, aproximou-se do Haroldo:

— Quero cumprimentá-lo, meu caro, por sua crítica tão oportuna daquele escrito pornográfico do Roberto Schwarz, uma coisa tão absurda!

Haroldo tratou de corrigir:

— A referência ao pau não tem nada de pornográfica. Pornográfico é o tal poema, tão ruim.

O dr. Figueiredo sentiu que perdera a viagem, deu meia-volta e enfiou-se na leitura do parecer de um dos advogados, que começava, como todos os pareceres, sempre pela mesma frase: "Senhor consultor jurídico chefe". Era esse seu título e cargo, e o direito administrativo, sua especialidade. Fez bem. Para que meter-se a entender poetas?

O poeta ignorado

"Em Poços de Caldas, Minas/ Eu via frequentemente/ charretes que docemente/ passavam tirando finos." Este fragmento é de um poema de autoria de Cyro dos Santos Mello, inspirado em cenas vividas por ele na tradicional estância mineira, por volta de 1943. Nunca mais o vi, nem sei de seu paradeiro, mas espero que ele goze de boa saúde em companhia dos seus.

Reproduzo apenas este fragmento de seus versos porque, lamentavelmente, me esqueci do resto. Até aqui, ao lembrá-lo, tive uma intenção irônica. Entretanto, resolvi mostrar o texto a um amigo, versado nas lides literárias e, para minha surpresa, ele observou:

— Os versos são bem interessantes. Onde anda esse rapaz?

Eu quis apenas ser irônico e parece que contribuí para desencavar uma grande promessa literária. Mas onde andaria o menino, agora velho, ou quem sabe morto — coisa que não lhe desejo. Não sei. Tenho apenas a certeza de que, se ele estiver vivo, ficaria muito surpreso com a opinião elogiosa do literato.

— Que é isso, eu poeta? Escrevi uns versos quando menino, se bem me lembro. Fiz carreira no setor financeiro, fui diretor de banco e hoje estou aposentado.

A cobra e o gaturamo

Livros didáticos da década de 1940. Horríveis textos de história, cujos autores não vou mencionar, por respeito aos mortos; livro de ensino de inglês, de capa dura, azul e branca, cujo primeiro texto era de desanimar, ninguém menos que Geoffrey Chaucer, grande escritor inglês do século XIV, mas nada sedutor para iniciantes; uma patriotada o livro de francês, bandeira tricolor na capa, emoldurando o título, *France Glorieuse*; *Páginas floridas*, livro de português composto de textos reunidos por Francisco Silveira Bueno, que teve grande êxito nas escolas secundárias do país. Fico com este. No seu caso, é melhor falar em "livros" no plural, porque havia um para cada série. Além disso, o autor apressou-se em publicar edições destinadas a meninos ou meninas, conforme recomendava a Reforma Capanema, decretada na vigência da ditadura do Estado Novo, em abril de 1942. O objetivo era incentivar e reforçar as identidades de gênero: a coragem, a dedicação à família e à pátria para os meninos; a preparação para o casamento, as boas maneiras, os cuidados do lar e a maternidade para as meninas.

Lembro-me do título de algumas histórias de *Páginas floridas*, mas aquele que mais me vem à cabeça se intitula "A cobra e o gaturamo". Quem era o gaturamo? De saída, pensei tratar-se de um gato selvagem, capaz de enfrentar uma cobra mesmo das mais temíveis, de igual para igual. Mas constatei, há pouco tempo, que o gaturamo nada tem a ver com um felino a não ser por oposição, pois é um passarinho de penas coloridas, com predominância das cores azul e amarelo. Na hipótese de uma disputa entre os dois, a cobra certamente destroçaria o gaturamo.

O autor da fábula foi Coelho Neto — escritor famoso em sua época —, malhado pelos modernistas por seu estilo formal. Não é o caso de discutir a fundo suas qualidades literárias, mas é bom lembrar, ao menos, uma de suas glórias. Ele foi pai de Preguinho (João Coelho Neto), ponteiro do Fluminense que, em 1930, marcou o primeiro gol do Brasil em uma Copa do Mundo.

Na fábula de Coelho Neto, a cobra e o gaturamo simbolizam, respectivamente, a astúcia e a ganância. Numa época de terrível seca, a cobra esfomeada enrola-se sobre uma pedra, em agonia, quando ouve o trinado do gaturamo. Agarrando-se à oportunidade, ela se aproxima do passarinho. Diz a ele, com voz quase inaudível, que, ao encontrar água abundante em outro local, bebeu o líquido com sofreguidão e, de repente, um diamante ficou atravessado em sua garganta. Não poderia o gaturamo ajudá-la a remover a pedra? Final previsto, o passarinho se aproxima, a cobra o engole e volta a seu lugar, rindo "como riem as cobras", na frase bonita de Coelho Neto.

Narrativas concorrentes

O que teria acontecido se o arquiduque Francisco Ferdinando, herdeiro do Império Austro-Húngaro, não fosse assassinado por um nacionalista sérvio, em 28 de junho de 1914? A Primeira Guerra Mundial não teria eclodido, ou pelo menos teria eclodido em outra data? Há quem sustente que a história contrafactual a que esses exemplos remetem é um exercício válido apenas como diversão, pois, a rigor, não leva a nada.

Acho que não é bem assim. Imaginar uma história que poderia ter sido, entre outras coisas, é torná-la mais livre e dar menor peso àquilo que realmente aconteceu. Além disso, ao menos para a corrente que aproxima a história da ficção, a história real e a história imaginária não se contrapõem com muita clareza. Há mesmo quem especule com as alternativas do real e do imaginário para melhor entender a primeira. Por exemplo, Robert Fogel e outros cliometristas americanos, no livro *Time on the Cross*, sustentaram que o boom das ferrovias americanas, a partir de meados do século XIX, não teria sido o único nem o melhor caminho para o desenvolvimento econômico dos Estados Unidos, perdendo para a possibilidade de utilização das redes fluviais.

Da minha parte, incapaz de mensurações, vislumbrei os nazistas reunidos numa cervejaria de Munique em 1923, para conspirar e desfechar um golpe contra a República. Para se animar, eles beberam muito, perderam a noção das coisas e acabaram presos, acusados de desordem e embriaguez. Os companheiros de Hitler aprenderam a lição e se tornaram cidadãos pacatos da República de Weimar, desenvolvendo seus talentos como marceneiros, mecânicos ou lojistas. Hitler, que se julgava dotado de um grande talento artístico, insistiu em ser pintor figurativista, mas nunca saiu da mediocridade.

Mussolini ascendera ao poder na Itália um ano antes da cena da cervejaria. Sem concorrência à altura, iria se tornar o protótipo de ditador fascista na Europa. Porém, como não tinha a obsessão antissemita de Hitler — sua amante Margherita Sarfatti era judia e vários judeus estiveram na Marcha sobre Roma —, teria se livrado de ser visto como racista e, mais ainda, o mundo não conheceria o Holocausto.

Mas como o Hitler voltado para a pintura não faria parte da história mundial, Mussolini seria caracterizado claramente como o que era: um truculento ditador que perseguiu e assassinou muitos de seus opositores, cujo regime nada teve de brando.

Sem a presença de Hitler, seria quase impensável a eclosão da Segunda Guerra Mundial. A essa altura das divagações, me perdi na tentativa de esboçar o curso do mundo na ausência de uma conflagração geral. Cheguei à conclusão de que a tarefa ia além de minha capacidade imaginativa e isso me levou ao campo da vida privada. O resultado da mudança de rumo está nas linhas seguintes, que começam por algumas interrogações:

Quem poderia garantir que a história da imigração familiar narrada em *Negócios e ócios* seja factual? Quem diz que, como autor, não me deixei levar pelas fantasias dos meus antepassados, ou de mim mesmo? Não teria sido outra essa história, que se abre a muitas narrativas concorrentes? Por que não contemplar essas narrativas tão coerentes como a tida como original?

Simon Fausto, meu pai, nasceu na Bukovina, província pertencente ao Império Austro-Húngaro, no último decênio do século XIX. Emigrou sem a família para a Argentina no começo do século XX, vendeu quadros toscos nas esquinas de Buenos Aires e foi balconista no departamento de tecidos da famosa loja Gath & Chaves. Aventurou-se em seguida na Patagônia, uma região sacudida pela descoberta das reservas petrolíferas, em busca de uma clientela nascente. Perdeu sua loja e suas mercadorias em um incêndio, e resolveu viajar para o Brasil, onde se tornou boiadeiro em pequena escala, na região de Mato Grosso. Desistiu dessa atividade e assentou praça em Rio Preto, cidade que conhecia de passagem nas suas andanças com o gado. Abriu uma casa de móveis e aí conheceu seus futuros cunhados, sócios da empresa Levy Salem & Cia., sediada em São Paulo, que tinha em Rio Preto uma beneficiadora de café e arroz.

Vindo a São Paulo a convite dos Salem, conheceu a irmã destes, de nome Batscheva (que se tornou Eva, no Brasil) — minha mãe. Ela emigrara da Turquia para o Brasil com a família em 1924, dada a situação gerada pela queda do Império Otomano, no fim da Primeira Guerra Mundial. A formação da República Turca, sob a liderança modernizadora e autoritária de Kemal Atatürk, resultara na integração forçada dos judeus e outras etnias minoritárias como cidadãos do país, o que os obrigava à prestação do serviço militar, entre outras coisas indesejadas.

Eva e Simon viveram um amor intenso. Casaram-se em São Paulo, onde Simon se tornou sócio da empresa dos cunhados. Os anos felizes findaram abruptamente com a morte de Eva, em 1938, durante uma inesperada operação cirúrgica.

Saudades de Czernowitz

Por volta dos treze anos, Simon Brettschneider Fuss, nascido em Korolifka, na Bukovina, província situada nos confins do Império Austro-Húngaro, perdeu o pai. A vida modesta, mas relativamente equilibrada da família, teve um abrupto fim. A mãe foi à luta para criar os filhos e Simon empregou-se como aprendiz de alfaiate. O quadro era doloroso e ele ficou tentado a partir para bem longe, quando um conhecido do *shtetl* em que viviam lhe contou que ia viajar para a Argentina com sua família, e poderia levá-lo também.

A mãe derramou muitas lágrimas — pressentia que nunca mais iria ver Simon —, mas ele se embalou no sonho de uma grande aventura. Porém, semanas antes da partida, seus sentimentos mudaram radicalmente. O choro da mãe doía-lhe no peito, a viagem a terras longínquas era agora sentida como uma temeridade. Se ficasse, pensou, sua vida seria mais previsível, mais simples, menos arriscada.

A Primeira Guerra Mundial lhe trouxe as primeiras dúvidas. Salvou-se de uma convocação por não atingir o índice mínimo de altura, mas o mundo à sua volta entrou em transe. Aliado da Alemanha, o Império Austro-Húngaro foi derrotado na guerra de 1914-8. Nas aldeias da Bukovina, muitos não entenderam o que se passava. Continuaram a falar alemão e, no caso dos numerosos judeus, também o iídiche, à espera de que quase nada mudasse.

Finalmente, em 1920, a região foi entregue à Romênia, na época uma monarquia, em que imperava o rei Fernando I. A passagem teve penosas consequências para os judeus. Bem ou mal, eles resistiram à imposição de uma incompreensível língua latina e aos surtos de antissemitismo.

Nos primeiros anos da década de 1920, Simon percebeu que sua vida em Korolifka girava em círculos. Não pensava em retornar à ideia de atravessar o Atlântico. Mas era viável mudar-se para Czernowitz, a capital da Bukovina, onde os judeus constituíam uma expressiva minoria.

Na chamada Viena do Leste, a vida de Simon mudou. A princípio, teve certas dificuldades para encontrar bons clientes. Ele se tornara um alfaiate de excelente corte, mas havia vários concorrentes de qualidade em Czernowitz. Com o tempo, superou as dificuldades, tornou-se mais conhecido, e conseguiu uma clientela numerosa. Integrado à cidade, começou a frequentar espetáculos artísticos de que nunca se esqueceu. Até o fim da vida, lembrava-se de grandes personagens do mundo da ópera, como o baixo russo Fiódor Chaliapin e, no cinema, do ator alemão, nascido na Suíça, Emil Jannings, mesmo censurando o fato de que, nos anos 1930, ele pusera seu talento a serviço da Alemanha nazista.

Era tempo de casar. Começou a namorar e logo se casou com uma moça judia, filha de um ourives chamado Avram Krivitz. Quando nasceu o primeiro filho do casal, em 1931, Simon quis pôr na criança o nome de seu pai — Boris —, e Rifka, sua mulher, concordou. Embora não fossem estritamente religiosos, providenciaram a circuncisão do menino, como mandava a lei judaica, numa sinagoga de bairro.

Para os judeus, os problemas da vida na Romênia se agravaram ao longo dos anos 1920. Em 1927, sob o comando de Anton Codreanu, surgiu a Legião de São Miguel Arcanjo, que anos depois tomou o nome mais apropriado de Guarda de Ferro. Os legionários, pertencentes à Igreja ortodoxa, destacaram-se pelo fanatismo religioso e por um virulento antissemitismo. Ventos de fora anunciavam também sombrias incertezas. Em 1933, Hitler assumiu o poder na Alemanha, começando a expandir-se pela Europa. Após a eclosão da Segunda Guerra Mundial, as tropas alemãs ocuparam a Romênia e o general Ion Antonescu, ditador do país, enviou milhares de judeus para a Transnistria, na região da Moldávia, onde grande parte deles encontrou a morte.

Mas a desgraça foi amenizada por uma figura surpreendente. O prefeito conservador de Czernowitz, Traian Popovici, intercedeu em favor dos judeus, e obteve de Antonescu a possibilidade de poupar 20 mil pessoas, segundo critérios de qualidade profissional, em 1941. Popovici ultrapassou largamente a cota, salvando, segundo consta, 200 mil judeus. Mas o fluxo sinistro foi retomado, já no fim da guerra (1944), quando os alemães ordenaram a deportação dos judeus para os campos de concentração da Polônia. Nunca se soube se os membros da família Fuss-Krivitz foram ou não exterminados, mas há indícios de que eles se salvaram e conseguiram empreender a emigração para o Canadá, onde viveram e morreram tranquilamente. As prósperas gerações que os sucederam mal sabem dos tempos difíceis de seus antepassados.

A travessia de Simon

Não é certo que Simon tenha recuado no propósito de viajar para a Argentina, acompanhando uma família que para lá emigrava. Desde menino, ele não era de recuar em seus projetos. Chegando a Buenos Aires, separou-se da tal família e passou por muitas dificuldades. Encontrou tempo para entrar numa escola de ensino primário, com o objetivo de aprender o mais depressa possível um idioma tão distante do seu. Foi a partir de um incidente escolar que mudou seu sobrenome de "Fuss" para "Fausto" e tratou de evitar o uso do complicado "Brettschneider", na busca de integração na nova terra. Vendeu quadros toscos retratando paisagens, nas esquinas das ruas centrais da cidade, e encontrou um emprego precário na pequena oficina de um alfaiate; depois, tornou-se caixeiro numa famosa loja de departamentos — Casa Gath & Chaves —, onde adquiriu um amplo conhecimento de tecidos que lhe foi útil em muitas ocasiões. Cansou-se da monotonia do emprego, com poucas perspectivas de ascensão, e partiu em busca de aventuras, rumo à Terra do Fogo. Perdeu num incêndio todos os produtos que comprara para vender e veio parar no Brasil, onde negociou gado que trazia de Mato Grosso. Por fim, resolveu estabelecer-se com uma casa de móveis, numa cidade poeirenta do estado de São Paulo, local em expansão a que não faltavam as cenas de faroeste. Na época, São José do Rio Preto era denominada, simplesmente, Rio Preto.

Simon frequentou tristes pensões alegres e, posteriormente, arranjou uma amante, a quem foi fiel enquanto a história durou. Acabou se apaixonando por Samira, moça bonita de olhos amendoados, filha de um comerciante de tecidos. De lado a lado, o pragmatismo funcionou. Casaram-se somente no Registro Civil em 1926, e a família de Samira proporcionou uma festa de arromba — as comidas e os doces sírios deixaram uma lembrança duradoura entre os convivas.

Quando se anunciou o primeiro rebento do casal, Samira propôs que, se fosse uma menina, teria o nome de Aurora; Simon, por sua vez, sugeriu que o menino se chamasse Antônio Carlos. Nasceu um menino moreno que, na seca pia batismal do Registro Civil, recebeu o nome de Antônio Carlos Fausto. Quem diria que Antônio Carlos Fausto tinha uma ascendência libanesa e judaica?

O garoto cursou o ginásio e o colegial em Rio Preto. Divertiu-se muito jogando futebol, pulou na casa dos vizinhos para comer jabuticabas e amoras, sonhou com as professoras mais jovens, cujas pernas vislumbrava, em meio às aulas aborrecidas. Quem sabe atraído pela cor verde — pelo que mais poderia ser? — tornou-se torcedor do Palestra, admirador, entre outros, de Oberdan Cattani, do toscanino Og Moreira, do artilheiro Jair Rosa Pinto, craques fulgurantes das décadas de 1940 e 1950.

O pai gostaria que Antônio Carlos assumisse algumas das casas comerciais que abrira na cidade. Mas o rapaz preferiu ir para São Paulo. Prestou o vestibular da Faculdade de Direito, passou de raspão, mas passou. A velha e sempre nova academia mudou sua vida. Foi um calouro conformado sabedor de que, no ano seguinte, chegaria sua vez de maltratar os "bixos". Desenvolveu uma retórica convincente, diante de gerentes e garçons, para justificar os "penduras" comemorativos no dia 11 de agosto. Bebeu litros e litros de chope em companhia de seus amigos, incentivado por uma cantilena desafiadora: "Ei, alegre companheiro/ por que bebes tão ligeiro/ se és covarde saia da mesa/ que a nossa empresa requer valor". À cantilena, seguia-se uma exortação, no mesmo tom: "Primeira bateria, segunda bateria, terceira bateria", sorvo lento do copo e, em seguida, "virou!".

Antônio Carlos não foi um aluno brilhante. Pouco comparecia às aulas, mas, nos livros de assinatura de presença, quase sempre constava seu nome. Utilizava um expediente dito de "legítima defesa" (não propriamente da honra), em que se conluiava com bedéis para fugir às aulas sem graça, ainda mais no período da manhã. Por sua vez, as apostilas "sem responsabilidade da ilustre cátedra" lhe bastavam para ser aprovado com notas medíocres.

Quando se formou, em 1952, seus pais vieram a São Paulo, assistiram emocionados à colação de grau e a mãe dançou com ele no baile de formatura. Ganhou um anel de rubi aparatoso que usou por muitos anos, mesmo quando o anel se tornou brega.

A essa altura, era preciso encarar o trabalho. Buscou contato com um advogado judeu de origem polonesa, o dr. Rumfeld, especializado na área falimentar. Sabendo que o pai do colega nascera em Lemberg, introduziu na conversa afinidades de origem, ao afirmar — uma pequena mentira — que seu pai Simon nascera em Czernowitz, não muito distante da então cidade polonesa.

Sua situação de "escravo" — iniciante sem remuneração — não o preocupou. Em pouco tempo, aprendeu os caminhos e descaminhos da falimentar, tornou-se sócio minoritário do dr. Rumfeld, e saltou tempos depois para a chefia de um escritório próprio, com muitos e bons clientes.

De quando em quando, Antônio Carlos ia a Rio Preto. Nessas viagens, seus pais sempre sugeriam, inutilmente, que ele voltasse para sua cidade, transformada — segundo diziam — num centro moderno, dotado de muitos recursos. Com o passar dos anos, o envelhecimento dos pais, um desejo de proximidade familiar levaram o dr. Antônio Carlos a regressar à sua cidade natal. Abandonou a advocacia e, com a colaboração de uma irmã e um cunhado, assumiu decididamente os negócios paternos. Sociável como sempre, decidiu pôr um pé na política local. Elegeu-se vereador, foi presidente da Câmara Municipal, mas uma inesperada derrota na eleição à prefeitura, em segundo turno, fez com que abandonasse as veleidades políticas.

O tempo se encarregou de levar seu pai e pouco tempo depois, sua mãe. Tornou-se melancólico, lembrava os anos de São Paulo como anos de uma felicidade perdida e só uma coisa o confortava: a paixão pelo Palmeiras, que trouxe de volta os sonhos da infância. Nunca se casou.

Aversão ao risco

Os membros da família Salem — o patriarca Samuel, os filhos José e Isaac principalmente — pensaram e repensaram a ideia, sopesaram possíveis vantagens e desvantagens. Por fim, decidiram não sair da Turquia ao fim da Primeira Guerra Mundial. É verdade que, na década iniciada em 1920, a Turquia já não era a doce Turquia do Império Otomano. Doce para o grupo familiar, que vivia em Urla, aonde não chegavam as violências, o mar era um remanso e o clima, ameno.

Os Salem estremeceram com o incêndio de Izmir em 1922 e o massacre de gregos e armênios após a vitória de Kemal Atatürk, fundador da República turca. Mas, ao mesmo tempo que lamentavam a morte de vizinhos gregos ou armênios, davam graças aos céus porque os judeus tinham sido poupados, por meio de um acordo entre Atatürk e o grão-rabino de Constantinopla.

Se os novos donos do poder indicavam que iriam proteger os judeus, por que sair da Turquia, onde a família se instalara havia vários séculos, ainda mais com o inconveniente de terem de fechar seus negócios e vender suas propriedades? Aos poucos, com a melhora das comunicações, Urla — a cidade banhada pelo mar Egeu onde residiam — tornou-se um balneário atraente e o grande armazém de propriedade de Samuel Salem, patriarca da família, foi modernizado. O longo balcão em que se enfileiravam potes de iogurte deixou de existir, já não se ofereciam implementos agrícolas de todo tipo, e sim tecidos, roupas de banho, vestidos leves, costumes de verão, ou lembranças que iam de bugigangas a objetos de valor. O patriarca Samuel afastou-se do dia a dia do negócio, deixando-o nas mãos de seus filhos, José e Isaac; Rebecca, a filha mais velha, casou-se com Salomon, funcionário de um banco em Izmir, uma excelente pessoa, de um bom humor insuperável, cujos ganhos eram modestos.

Tal como Rebecca, Batscheva — a caçula dos Salem — mudou-se para Izmir, ao casar-se com Joseph Behar, filho mais velho de Mois Behar, exportador no atacado de frutas e doces turcos.

Bem de vida, Mois Behar tinha receio de contatos com parentes que haviam emigrado para outras bandas, por imaginar que algum deles, malsucedido, poderia amolá-lo com pedidos de ajuda financeira. Foi com esse espírito que recebeu uma carta de um parente, nascido na Argentina, o jovem David Benseñor. Este, animado por ter descoberto um parente em terras distantes, escrevera uma carta detalhada, em que contava ser natural da cidade de Santa Fé. Contou fatos de sua vida e não resistiu à tentação de informar que era torcedor apaixonado do Club Atlético Colón, pois, para ele, esse era um dado importante em seu currículo.

Por algumas semanas, Mois Behar deixou em banho-maria a carta incômoda. Jogá-la fora lhe parecia uma indignidade. Optou por escrever um bilhete frio, anunciando a Benseñor que, infelizmente, dado o nacionalismo em vigor, não poderia ajudá-lo como gostaria. O jovem ficou furioso:

— *Eu não pedi nada, fiquei muito contente com a descoberta e o sujeito vem com essa história do* "nacionalismo en vigor". — *Por vários anos, contou o episódio para quem quisesse ouvi-lo, sempre enfatizando a mesma frase:* "el nacionalismo en vigor, el nacionalismo en vigor".

Mas, se para Benseñor o episódio fixou-se em sua memória, para Mois Behar ele desapareceu rapidamente, como se nunca tivesse existido.

A vida familiar das duas famílias seguia seu curso, entre nascimentos, *minians* e casamentos; a morte ainda não espreitava ninguém.

Entretanto, em outro plano, crescia na Turquia a discriminação das minorias. A recém-formada República não era propriamente uma república, mas um regime nacionalista, autoritário e modernizador. Para os mais jovens, foi de certo modo fácil adaptar-se à modernização a toque de caixa empreendida por Atatürk. Eles já não usavam o fez, uma espécie de chapéu tradicional proibido pela legislação, a pretexto de representar um passado anacrônico; a obrigatoriedade do alfabeto latino até facilitava as transações correntes, sobretudo para o exterior; o serviço militar, aos poucos, se tornava aceitável.

Mas havia sempre o antissemitismo latente, que às vezes se traduzia em violências. A tentativa de Kemal Atatürk de formar uma nação homogênea teve seus méritos, mas o tal "nacionalismo em vigor" vinha acompanhado do objetivo maior de cimentar a hegemonia dos turcos étnicos. Um exemplo claro foi o da língua. "Fale turco", uma campanha incentivada pelo governo e promovida pelos universitários, alcançou grande êxito no grosso da população. Os integrantes das minorias passaram a evitar o uso de suas línguas em público, ou, quando muito, se limitavam a sussurrar frases e palavras.

Ocorriam também atos mais graves. Na Trácia Oriental, em 1934, uma multidão assaltou os comércios judeus e agrediu membros da comunidade. Muitos fugiram da região, buscando abrigo em Istambul e outras cidades.

Ao explodir a Segunda Guerra Mundial, as simpatias do governo de İsmet İnönü — sucessor de Atatürk — pela Alemanha nazista acrescentaram novos temores. Medidas impondo o pagamento de uma taxa sobre as propriedades, que incidiu principalmente sobre as minorias não muçulmanas, tornaram mais difícil a situação desses grupos.

Entretanto, os dirigentes turcos tinham em mente o erro fatal do Império Otomano que apoiara a Alemanha e o Império Austro-Húngaro, no curso da Primeira Guerra Mundial. Simpatizavam com a Alemanha mas, ao mesmo tempo, acompanhavam passo a passo os lances do conflito. À medida que a vitória das forças aliadas se desenhava no horizonte, o governo turco mudou de posição e, em caráter formal, declarou guerra aos países do Eixo.

Os Salem, particularmente, eram avessos ao risco e inseguros com relação a decisões fundamentais. Quantas vezes se perguntaram se não teria sido melhor emigrar para a Argentina, onde tinham várias conexões? Mais ainda, por que não seguiram o caminho de milhares de judeus que foram não só para aquele país, como para a Palestina, o Brasil e outros destinos? Invejavam particularmente quem partira para a França — o país das luzes, da civilização, cuja cultura lhes fora transmitida em instituições como a Alliance Israélite Universelle. Não poderiam eles prever que os judeus franceses seriam assassinados nos campos de concentração nazistas, longe da civilização e das luzes, após a derrota imposta à França pela Alemanha nazista.

Mas as dúvidas eram deixadas de lado diante dos aspectos positivos da permanência na Turquia. Batsheva e Joseph, de temperamento mais estável, não eram assaltados por muitas dúvidas, e a chegada dos filhos lhes proporcionou imensa alegria. O casamento decorrera de um mútuo afeto, sentimento que se transformou em rotina solidária, com o correr dos anos. Os dois cortaram o uso do ladino em público, obedecendo ao novo figurino, e só em casa utilizavam a fala de seus antepassados, como "língua do segredo" que as serviçais turcas não entendiam.

Certo dia, Batscheva teve um sonho curioso. Diante dela, surgiu um rapaz franzino, de baixa estatura, com traços asquenazes, que lhe declarou um amor imorredouro. Ela se assustou, mas ao mesmo tempo se sentiu muito atraída pelo personagem.

Ao acordar de manhã, contou o sonho a Joseph, com certo receio de sua reação. Ele ouviu meio distraído e cortou a conversa com uma frase: "*Los sueños, sueños son*".

A cidade eterna

Em meados de 1924, a família Salem decidiu emigrar, depois de muitas dúvidas e cálculos. Seus membros tinham visto cenas terríveis que desejavam borrar da memória: o incêndio pavoroso de Izmir em 1922; o massacre de gregos e armênios, muitos deles seus vizinhos em Urla; a troca forçada de populações entre a Grécia e a Turquia. Alguém lembrou que Kemal Atatürk poupara os judeus do massacre, graças a um acordo com o grão-rabino de Constantinopla, mas esse fato, apesar de sempre lembrado, não pesou muito.

Para onde ir, era a questão. O patriarca Samuel Salem ponderou que ele, idoso, com problemas de visão, não gostaria de seguir o caminho usual de muitos emigrantes — a travessia do Atlântico, rumo à Argentina ou ao Brasil. Por que não emigrar a curta distância, optando por uma experiência que, se não desse certo, poderia ser revista? Quem sabe — sugeriu à família —, rumar para a Palestina onde os judeus iam se instalando pouco a pouco, sob a proteção da Inglaterra? Acrescentou também razões simbólicas para a escolha, ao lembrar que Jerusalém era "Ir Olam", a cidade eterna fora do tempo, pronta a abrigar os filhos de Israel, fosse quando fosse. Lembrou ainda o costume próprio dos asquenazes de expressar, no fim dos dias de Pessach, o conhecido desejo *"Leshaná Habaá b'Yerushalaim"*, "no ano que vem em Jerusalém", argumentando, enfim, com todo o arsenal simbólico de que dispunha.

O voto do patriarca era mais do que um simples voto, e ele convenceu o restante da família. Na década de 1920, milhares de judeus, quase todos asquenazes, tinham se instalado na Palestina, embora palestinos e árabes constituíssem a ampla maioria da população. Os Salem foram morar em Jerusalém, mesmo porque não havia alternativa viável. A moderna Tel Aviv, por exemplo, era ainda uma pequena cidade sem importância, implantada ao lado de Jafa, um antigo porto árabe.

Os recém-chegados tentaram reproduzir seus negócios lucrativos de Urla, mas os ganhos eram apertados; viver num kibutz não lhes passava pela cabeça; aprender iídiche era uma tarefa difícil a que não se dispunham. Imaginar que o hebraico se transformasse numa língua nacional lhes parecia um sonho muito distante. Além disso, havia por todos os lados a presença dos árabes, que se diziam palestinos e não viam com bons olhos a presença de judeus, viessem de onde viessem. Em poucas palavras, não se deram bem.

A certa altura, foi preciso encarar a realidade. Não dava para ficar naquela terra, por mais prometida que fosse. A solução seria atravessar o Atlântico, mesmo contra a vontade do patriarca Samuel. Por que não voltar para a Turquia? — insistia ele. Mas o patriarca descera a ladeira do envelhecimento, enxergava cada vez menos e teve de aceitar a decisão de seus filhos homens.

Batscheva surpreendeu a todos: ela e o marido não concordavam em partir e estavam dispostos a ficar na Palestina. Casara-se com Avram, um jovem asquenaze, amante do violino e, ao contrário dos Salem, encantado com as possibilidades presentes e futuras de Eretz Israel. Batscheva era mais cética do que o marido, mas aquele ambiente da Palestina, tão variado etnicamente, tão imprevisível, lhe despertava muita atração. Tentou explicar ao pai e aos irmãos por que desejava permanecer e insistiu que não estava seguindo apenas o desejo de Avram, mas também atendendo sua vontade. Só não lhes disse que gostaria de levar uma vida independente, longe do núcleo familiar, ao mesmo tempo protetor e repressivo.

A família se dividiu para sempre entre Israel e o Brasil. Trocaram cartas esparsas ao longo dos anos, por ocasião das festas religiosas, dos nascimentos, casamentos e mortes. "*Buena añada que tengash*" desejavam-se reciprocamente em Rosh Hashaná, o ano-novo judaico, ou um simples "*mazal tov*", sempre que a ocasião se oferecia. Às vezes, surgiam coisas curiosas. Rebecca, irmã de Batscheva, contou a ela que, se tivesse emigrado para o Brasil, poderia deixar de ter o nome de uma das mulheres do rei Davi para se tornar Eva, a mulher exclusiva de Adão.

Quando da fundação do Estado de Israel em 1948, Batscheva e Avram escreveram aos parentes da América, indagando se alguém da família tinha contatos com esse sr. Oswaldo Aranha, que presidira a Assembleia da ONU em que se decidira a criação do novo Estado. Na resposta, Isaac Salem explicou que Oswaldo Aranha era um político "graúdo", cuja imagem aparecia nos jornais e até no cinema, a quem a família não tinha acesso.

No correr dos anos, as cartas rarearam. Batscheva aprendeu a falar o hebraico e quase esqueceu o ladino. Os "brasileiros", por sua vez, acreditavam falar português, na realidade um dialeto original mescla de português e de ladino, representando mais uma variante da "língua florida", originária da Espanha.

O primogênito de Batscheva e Avram nasceu em 1932. O pai propôs que lhe dessem o nome de Avigdor, em homenagem a seu avô. Tratava-se de um nome bíblico, "aquele que colocou um limite a seu povo" e, por isso, intercambiável com o de Moisés, bem mais comum. A mãe não gostou da sugestão. Era um nome estranho, com aquelas duas consoantes justapostas que se embaralhavam na boca. Por fim, cedeu. Não custava nada fazer a vontade do marido, ainda mais que, quando tivessem outros filhos, a escolha seria sua, como de fato aconteceu.

Desde menino, Avigdor revelou o gosto pelos estudos. Quando entrou na Universidade de Tel Aviv, em 1950, sentiu-se atraído por questões linguísticas e filosóficas. Excelente aluno, pesquisador infatigável, doutorou-se ao defender uma tese sobre a influência da obra *Guia dos perplexos*, de Moisés Maimonides — o grande sábio judeu espanhol —, no pensamento iluminista. A tese foi editada em hebraico e teve versões em inglês, francês e alemão. Os Salem receberam um exemplar em francês, não entenderam quase nada do conteúdo, mas se orgulharam daquele rapaz que se tornara a pessoa mais "preparada" da família. Os "preparados" não acumulavam riqueza, como demonstravam alguns ancestrais que chegaram a ser rabinos, mas sua cultura podia ser levada a qualquer parte em caso de necessidade.

Para Avigdor, cada vez mais versado nos estudos eruditos, a eventual necessidade nunca ocorreu. Seguiu sua carreira de scholar e publicou, entre outros livros, uma biografia do rabi catalão Moshe ben Nahman, que viveu entre 1194 e 1270. O rabi — autor do primeiro livro impresso em Lisboa, *Comentários sobre o Pentateuco* — ficou conhecido pela refutação ao cristianismo, num debate com Pablo Christiani, um judeu convertido ao catolicismo, na chamada disputa de Barcelona. A preferência por eruditos sefaradis, informou ele numa entrevista, pouco antes de morrer, viera das histórias contadas por sua mãe.

A vingança do barbeiro

Em frente à casa da avenida Angélica, para onde mudei com a família em fins de 1938, havia um dos raros prédios de apartamentos da avenida, de pé até hoje. No térreo do edifício, existia um salão de barbeiro de propriedade do sr. José Destefani, um senhor de origem italiana, provavelmente do norte da Itália. Além de ter olhos azuis, ele não confirmava o estereótipo da gente do sul, pois falava em voz baixa e tinha gestos comedidos. O sr. Destefani gostava de falar comigo sobre a reforma de casas antigas, talvez porque me imaginasse estudante de engenharia. Eu pouco ou nada entendia do conteúdo de sua fala, mas guardei dela uma palavra bizarra cujo significado não conheço até hoje: rufo.

A barbearia tinha uma placa discreta na entrada, com os dizeres: SALÃO IDEAL — JOSÉ PENTEADOR. Esse nome de fantasia suscitava a imaginação dos meninos de casa e nós nos divertíamos com ele, utilizando um dito hoje em completo esquecimento: "José, o Penteador? Ora, vá pentear macacos".

Me lembro não só do dono do salão como de outros barbeiros: Zé e seu filho, caipiras simpáticos, nascidos em Rio Preto e, sobretudo, de um homenzinho baixo, gordote, de olhos saltados, que namorava ou tentava namorar uma empregada de casa.

Quando me casei e fui morar bem longe de Higienópolis, deixei de frequentar a barbearia. Passaram velozes uns dois anos, anos de extrema tensão que acabaram desembocando no golpe de 1964. Alegria para uns, profunda tristeza e sofrimento para outros. Fiquei preso por quatro dias — o que não foi além de um passeio entremeado de sustos, na comparação com outras violências bem mais graves.

Nos primeiros meses daquele ano de 1964, estava liquidando o que restava da minha advocacia privada. Com esse objetivo, tomei um ônibus, desci na praça do Patriarca, contornei o largo do Café e cheguei à entrada do prédio de meu escritório, na rua Álvares Penteado. Corri, a tempo de pegar um elevador cheio cuja porta se fechava. Malfadada corrida. Num relance, vi o homenzinho dos olhos saltados apertado num magote de gente mais alta. Saiu daquele grupo indistinto uma voz vagamente reconhecida:

— Então, o filho do seu Fausto foi parar na cadeia? É, eles não estão perdoando ninguém.

Se todos os olhares de censura se voltaram em minha direção, não sei. Mas foi o que senti. Não tive tempo de ensaiar uma resposta e foi melhor assim. Que resposta poderia dar àquela agressão verbal, lançada de supetão?

O episódio resistiu ao tempo e, mais de sessenta anos depois, me fiz perguntas que nunca tinham me ocorrido. Como o homenzinho sabia da minha prisão, se ela não fora divulgada nos jornais ou em outro veículo de comunicação? Mais ainda, como se explicava aquela incrível coincidência do encontro num elevador do escritório em que eu raramente aparecia? O que estaria fazendo ali o barbeiro?

Entre várias respostas possíveis, escolhi a que me parece melhor. Quando fui preso em 1964, o homenzinho deixara o ofício de barbeiro e fazia um estágio no Dops que esperava redundar numa função permanente. Foi lá que ele me viu e, quando fui solto, teve a ideia de me seguir, na esperança de fisgar peixes maiores. Seu chefe concordou, pois afinal a pescaria não custava nada. O ex-barbeiro passou a me seguir nos ônibus, nos cinemas, nos restaurantes, esperando surpreender um suspeito encontro de esquina, ou melhor ainda, uma reunião secreta de subversivos do primeiro escalão.

Ao me dirigir ao prédio da Álvares Penteado, senti que alguém me seguia, mas atribuí a sensação a um surto de paranoia, muito frequente naquele tempo. Entretanto, era ele, cumprindo diligentemente sua missão. Quem sabe tivera o pressentimento de que iria alcançar um grande êxito e tomara o elevador antes de mim, sem se fazer notar, na expectativa de chegar primeiro ao andar do escritório e dar uma varredura prévia no local. Minha corrida desfez seu propósito e então lhe escapou da boca a frase nascida de um misto de prazer e de um reprimido ressentimento. Prazer, ao ver supostos "graúdos" serem atingidos pela férula do regime militar. Ressentimento, pela diferença social entre ele, modesto barbeiro, e "o filho do seu Fausto". Quem sabe o ressentimento se tornava mais forte ao lembrar a tentativa fracassada de encantar a empregada de casa.

Briga de turcos

Meu pai gostava de contar cenas de Rio Preto, dos tempos em que a cidade tinha violências de faroeste. Certa vez, narrou ao Ruy e a mim uma luta feroz entre dois homens, no meio da rua, em frente a seu estabelecimento comercial.

Nenhum dos adversários portava armas, mas nem por isso a contenda era menos violenta. Não sei se ela resultava de uma antiga rixa, ou de algum desaforo recente — dizia meu pai —, mas ele recordava em detalhe os lances da briga, mais ou menos assim:

— Depois de muitos socos e pontapés, o turco rolou pelo chão, todo ensanguentado. Então, o turco reagiu, se levantou, acertou um soco na cara do turco, e o turco devolveu o soco com uma patada. Não ficou nisso, porque o turco respondeu cuspindo na cara do outro e daí...

Nessa altura, como a narrativa lhe parecesse confusa, Ruy interrompeu:

— Quem era afinal o turco?

— Como assim?

— Não entendi direito a história, quem era o turco?
Simon, surpreso, respondeu:
— Ora, os dois eram turcos.

O camarada Posadas revisitado

Ruy e eu escrevemos várias linhas sobre as concepções e o comportamento do argentino Posadas, na verdade Homero Cristalli, dirigente da Quarta Internacional posadista que morreu em Roma em 1981.

Na verdade, o personagem dá margem a tantas histórias curiosas, e o mais das vezes absurdas, que não podemos nos culpar por contá-las. Ocorre, porém, que há pouco tempo fiquei sabendo dos chistes comuns nos meios de esquerda, a partir das exóticas posições de Posadas: Posadas defensor da existência de discos voadores que trariam à Terra seres superiores, integrantes de um mundo rigorosamente igualitário; Posadas profeta da supressão das relações sexuais, limitadoras de um mundo de igualdade; Posadas defensor da tese de inevitabilidade da Terceira Guerra Mundial com o emprego de armas atômicas, da qual resultaria a vitória do socialismo; Posadas incentivador de uma greve geral dos trabalhadores da América Latina para saudar o lançamento do *Sputnik*, "*el cohete sovietico*".

Lembranças antigas vieram à superfície quando recebi e-mail de um amigo, ligado sentimentalmente ao velho trotskismo, dando conta da publicação de um livro intitulado *Eu quero acreditar: Posadismo, óvnis e comunismo apocalíptico*, escrito pelo jornalista A. M. Gittlitz. O livro parece ter por objetivo restaurar os traços do personagem, na sua dimensão política e humana.

Posadas era o quinto dos onze filhos de um sapateiro e teve na infância uma vida de muita pobreza. Ele bem poderia ter escrito memórias desse tempo, como testemunha de tantos episódios, entre eles a Semana Trágica de Buenos Aires (1919) — uma grande revolta popular esmagada pela polícia e pelo Exército, que provocou centenas de mortes. Em vez disso, ele escreveu uma enxurrada de textos quase ilegíveis, alguns dos quais tentei ajeitar para publicação, sem êxito.

Tenho certa atração embebida de melancolia por esses personagens que se arvoraram em sacerdotes de uma religião leiga e tiveram apenas uma minúscula influência neste mundo, como quase todos nós. Só não perdoo o fato de terem enfeitiçado jovens que levaram a sério suas ideias e acabaram morrendo prematuramente nas mãos de repressores ferozes.

Aposta eleitoral

Eleições de 3 de outubro de 1950. Os dois candidatos mais fortes à Presidência da República são Getúlio Vargas e o brigadeiro Eduardo Gomes. Vota-se também para vice-presidente, deputados federal e estadual e para senador.

Pela primeira vez, minha prima Odette e eu vamos exercer o direito ao voto. Eu na Consolação e ela, nas Perdizes. Fiel nesse tempo ao minúsculo PSB, voto em João Mangabeira, político e jurista ilustre que não chega a obter 10 mil votos. Em quem teria votado minha prima, uma pessoa aparentemente avessa à política?

Dias depois da eleição, vou à casa da rua Traipu e tio Isaac comenta as eleições, de um ângulo inusitado:

— Sabe, Boris, a Odette não errou nem um nome; não errou um só voto!

Cheguei à óbvia conclusão de que havia uma getulista na família do tio Isaac. Mas era estranho. Como a Odette, moça refinada, deixara de votar no brigadeiro, bonito e solteiro, orgulho da classe média educada? Quem sabe ela era uma apostadora que acertara tudo no jogo da política, estudando minuciosamente as chances de uma lista de candidatos. Se eu lhe contasse que votara no baiano ilustre, ela iria me tomar por um idiota.

Dentistas

Tenho um amigo que ao fim atribulado de um casamento com uma mulher intelectual, sensível, especialmente talentosa, desabafou:

— Chega! Na próxima vez, vou procurar uma dentista.

Não me parece justa essa identificação profissional do dentista ou da dentista como alguém de ideias muito limitadas, incapaz de ir além de seus conhecimentos específicos. Isso, por duas razões. Em primeiro lugar, não na ordem de importância, conheço pessoas de outras profissões consideradas mais ilustres, como é o caso de certos médicos, que ou desconhecem o mundo a seu redor, ou têm dele uma visão que chega a ser constrangedora. Acho até que dentistas — mulheres e homens — têm uma grande capacidade de diálogo que vai além de uma peculiar concepção do conhecido escritor tcheco Milan Kundera. Para ele, o diálogo é um monólogo, em que uma pessoa escuta vagamente a outra, apenas para a seguir ter o direito de fazer uso de sua fala. Pois os dentistas imaginaram um diálogo muito melhor. Discorrem sobre tudo e qualquer coisa, diante de clientes de boca aberta, com uma ferramenta na cavidade bucal, incapazes de proferir algo além de murmúrios aflitos que os dentistas tomam como concordância.

Serviço perfeito

Aconteceu faz uns cinquenta anos, no tempo em que os consultórios de psicólogos tinham secretária de carne e osso nas salas de espera. Eu estava numa dessas salas, quando o telefone tocou.

— Consultório da dra. Margarida, especializada em crianças e em adultos também.

— (*Voz forte, do outro lado da linha.*) Eu queria umas informações sobre consultas, como é o tratamento, é para meu filho, ele não presta atenção em nada, a não ser naquelas revistinhas, a senhora entende...

— A primeira consulta é de graça, se o cliente continuar. Se não, paga.

— Que quer dizer continuar?

— O tratamento leva dois anos.

— !!

— O senhor está achando muito? Não é muito não, os clientes saem daqui perfeitos e nem se lembram que fizeram o tratamento.

Eu senti que devia contar a conversa à psicóloga e ela agradeceu com ar preocupado.

Quando voltei ao consultório na semana seguinte, uma senhora de meia-idade, sentada numa cadeira desconfortável, atendeu solícita quando o telefone tocou. Fala previsível: consulta marcada, nenhuma referência à garantia de cura. A sala de espera perdera a graça.

Falar turco

Conheço certas palavras turcas que pessoas razoavelmente versadas no idioma — não é o meu caso — ignoram. A vida doméstica, com variantes linguísticas, tem dessas coisas. Vejam o caso da palavra turca "*shabuluk*" que passou do turco para o ladino. *Shabuluk* é uma espécie de luva, feita com um tecido rústico, utilizado para ensaboar-se durante o banho. Os Fausto usavam o *shabuluk* eventualmente. Para os Mordoh era uma peça indispensável de higiene. Ainda soa em meus ouvidos o grito do primo Alberto à tia Rebecca, diante de um esquecimento:
— Mãaaaae, passa o *shabuluk*.

O terremoto de Izmir

Fim de outubro de 2020. Um terremoto de sete graus na escala Richter se forma no mar Egeu e atinge principalmente Izmir. Os jornais e canais de televisão mostram dezenas de mortes e prédios destruídos. Esmirna, Izmir, os repórteres brasileiros ficam em dúvida, ao denominar a cidade turca.

Para mim, Izmir fica na virada da esquina. Meus tios vieram para o Brasil antes dos demais membros da família, como já contei. Quando procuravam atraí-los para a travessia do Atlântico, eles falavam de um país tranquilo, sem guerras, nem terremotos. No último aspecto, tinham razão. Já no Brasil, quando minha tia Rebecca falava da saudade da Turquia, lembrava o clima, as águas do mar sereno, mas evitava falar de terremotos. Para que introduzir o realismo no mito que construíra com tanto capricho?

Uma só palavra

Não consigo esclarecer como tomaram um táxi, em dia de Rosh Hashaná, lá pelos anos 1940, meus tios e o sr. David Nahum, dono do então famoso Bar e Café Juca Pato, no centro da cidade. Mas é certo que eles foram a caminho da antiga sinagoga sefaradi da rua Abolição. Quando chegaram ao local, o taxista, homem comunicativo, observou:

— Que engraçado. Faz pouco tempo, eu levei umas pessoas numa igrejinha, com uma estrela grande, parecida com essa aí, só que essa é mais pequena. Na calçada tinha uns homens de chapéu na cabeça, que nem aqui.

Comentário sintético de seu David, encarando o motorista:
— *Gameo*.

Por que o dono do Juca Pato, quase sempre afável, xingou o motorista de camelo? Xingou sim, porque a expressão, no uso corrente dos turquinos, equivalia a "cretino". Na minha opinião, ele não soube ver o lado bom do homem — um tipo simpático, meio ingênuo e nada mais.

— Não, não — diria seu David. — Se o sujeito não era um antissemita, desses capazes de enxergar uma estrela de davi à distância, era um ignorante, um "cristiano" incapaz de perceber a existência dos judeus — um *gameo*, afinal de contas.

Um historiador decepcionante

Nos meus primeiros tempos de consultor jurídico da USP, a Consultoria ficava num andar do prédio velho da Reitoria. Os consultores trabalhavam num espaço coletivo, a que se chegava atravessando um estreito corredor. No fim do corredor, sentava-se, numa cadeira precária, um jovem contínuo, magro, pálido e de olhar triste.

Eu notara que, quando eu passava, ele sempre parecia ter vontade de dizer alguma coisa, mas acabava se restringindo a murmurar um bom-dia, em resposta ao meu cumprimento formal.

Até que um dia acrescentou à resposta uma pergunta:

— O senhor é historiador?

Fico sempre inseguro quando me fazem essa pergunta tão abrangente, e tenho vontade de responder: "Mais ou menos".

Seja como for, resolvi responder "sim". Animado, o contínuo prosseguiu, dizendo que gostava muito de história, lia livros no tempo disponível e tinha certas dúvidas que eu certamente poderia resolver.

Por alguns segundos, me passou pela cabeça que ele iria me perguntar coisas do gênero "que inscrição foi colocada na bandeira da Paraíba após 1930?", ou "quem foi o primeiro secretário da Justiça de São Paulo, depois da Revolução de outubro daquele ano?", respeitando desse modo a especialidade pela qual sou conhecido. Que nada! O moço gostava de imergir na história de outros tempos. Me perguntou se Filipe I de Castela morreu, repentinamente, de febre tifoide, ou foi assassinado, como acreditava sua mulher Joana e muitos de seus contemporâneos.

Me irritei com a pergunta e respondi que historiador não é quem sabe tudo de história e que há coisas mais importantes, ao longo do processo histórico, do que discutir se o rei Filipe I de Castela morreu de tifo ou foi assassinado.

Passada a irritação, me senti culpado por desapontar o moço e mais triste ainda pelo tom arrogante da minha resposta. Daí para a frente, quando eu surgia no corredor, ele enfiava a cabeça num jornal e me ignorava solenemente.

Hoje, vejo o episódio com outras cores. Por que cargas-d'água o moço não me perguntou o que são Remigio, arcebispo de Reims, falou a Clóvis, rei dos francos, quando este foi por ele batizado, em 496? Como decorador de frases históricas célebres, provavelmente jamais pronunciadas, desde os tempos do ginásio, eu responderia:

— Curva a cabeça, sicambro; adora o que queimaste e queima o que adoraste.

Um craque da bola

A Ia tinha uma irmã — a Antônia — que se casara com um senhor distinto, motorista de bonde — o seu Norô. Mas não quero falar nem da Ia, nem da Antônia, nem do seu Norô, por mais que eles fossem figuras interessantes, e sim do Ismael, filho do casal.

Ismael era um rapaz tímido, de boas maneiras, que jogava na base do Corinthians e tinha a esperança de se tornar um craque de futebol. Em casa, eu acompanhava de longe sua carreira. Certo dia, lá pelos idos de 1950, a Ia me passou um recado da Antônia:

— No jogo de hoje à noite, o Ismael vai entrar.

De fato, o alvinegro jogaria uma partida, pelo então prestigiado campeonato paulista, contra um time que não me lembro qual era.

Às vinte horas — não se marcavam jogos, como hoje acontece, para a "madrugada" —, eu estava diante do rádio, ouvindo a escalação das equipes, que antecedia o pontapé inicial. Ismael não fora escalado. Desânimo, raiva dos dirigentes que não davam oportunidade aos iniciantes.

Em todo caso, fiquei ouvindo a irradiação do jogo, até que aí pela metade do segundo tempo, com certa indiferença, o locutor anunciou:

— Vai entrar, na meia-direita, Ismael em lugar de Jombrega.

Enfim se fazia justiça. De ouvido colado no rádio, me pus à espera de que o futuro craque viesse a ser mencionado na narração, por alguma brilhante jogada, mas isso não aconteceu. Uma ou outra vez seu nome foi mencionado de passagem e foi só.

O jogo terminou e a Ia, que nada entendia de futebol, falou da sua alegria com a estreia do sobrinho. Obviamente, eu não podia participar do entusiasmo. Depois daquele jogo, ouvi dezenas de outros e nunca mais o nome do Ismael foi pronunciado. Ismael, Ismael, por que não lhe deram outra chance?

MORTE E IMORTALIDADE

Marketing macabro

Primeiros dias de março, ainda sem quarentena, mas com notícias de que o vírus se aproxima. Toque de telefone. Voz feminina:

— Aqui é da empresa tal e tal. Fazemos um contrato de seguro por morte que dá direito a acompanhamento, flores, consolo espiritual...

Interrompo:

— Que é isso? Vocês estão querendo me vender caixão logo agora?

— O senhor não está me entendendo, temos ótimos caixões acetinados sim, de vários tipos, mas nossos serviços vão muito além.

— Ah — disse eu, começando a me animar. — Vocês fazem serviços de preparação para o além e garantem imortalidade? — Não obtive resposta. A moça deve ter pensado que, em busca de um cliente preocupado em organizar o fim da vida como tantos, encontrara um desvairado.

O tempo e o vírus

Com o auxílio dos agentes humanos, o corona 19 destruiu a noção de tempo. No louvável esforço de fazer as pessoas ficarem em casa, os governantes resolveram mexer no calendário, criando feriados prolongados. Parece que a nova data não impede que se faça outra comemoração na data antiga, circunstância que abre uma possibilidade inovadora na cronologia histórica.

A 9 de julho de 1932, segundo a cronologia oficial, os paulistas iniciaram a revolução contra o ditador Getúlio Vargas, e agora foram autorizados a comemorar a efeméride duas vezes, quem sabe para repelir com mais força a acusação de que a "gesta de 1932", supostamente separatista, representou uma traição à pátria; Deodoro, mesmo relutante, poderá erguer sua espada por duas vezes, diante de um povo duplamente bestializado; e até o Brasil poderá ser "descoberto" em dobro, embora fosse melhor que os portugueses deixassem esta terra para os indígenas, que lhe dariam melhor proveito.

Há outras maneiras de subverter o tempo. Nesse caso, não

se trata de duplicá-lo, mas de reinventar o passado. As emissoras de TV que falam de esporte dia e noite desfecharam, sem querer, um irresistível ataque à noção de tempo, ao reproduzirem jogos de futebol aparentemente sepultados para sempre. Assisti ao jogo Vasco × Corinthians, na decisão do primeiro campeonato intercontinental promovido pela Fifa — um confronto meio aborrecido. O placar não se mexeu em 120 minutos e os times foram à decisão por pênaltis. Torci de verdade diante do desfecho desconhecido e fui dormir muito contente, quando Edu marcou o gol da vitória corintiana. Se tivesse lido o resultado em algum almanaque esportivo, ou se tivesse puxado pela memória, o espetáculo não teria graça.

Quem sintetizou, com felicidade, a sensação despertada pela reinvenção do tempo foi o Lugano, zagueiro uruguaio do São Paulo, que se tornou um dos diretores do clube. Quando lhe perguntaram se iria assistir ao jogo entre São Paulo e Liverpool pela decisão do chamado Mundial de Clubes, com a vitória do tricolor por 1 × 0, ele respondeu:

— Não, de repente o Liverpool empata, e sabe Deus o que acontece depois.

Por outro lado, a quarentena tem borrado de muitas mentes a marcação do tempo. Melhor dizendo, não há uma diferença nítida na semana que facilite contrastar dias úteis de um lado e "inúteis", de outro. A pandemia criou aristocratas de um tipo especial, que, em lugar de fruir as delícias da vida, a transformaram em um monótono cortejo de medo e ansiedade. Seria o caso de aproveitar a atitude de espanto de Lady Violet, da série inglesa *Downton Abbey*, que, ao ouvir uma conversa sobre o que as pessoas fariam num fim de semana, perguntou intrigada:

— *What is a weekend?*

Isolamento
(maio de 2020)

Depois de dois meses de isolamento, decidi dar uma volta por alguns quarteirões do bairro para "tomar um poco de aire", como diziam meus tios. A animação morreu quando tive de pisar em calçadas rachadas, olhar o desfile de casas em abandono, o mato crescendo nos jardins. O silêncio de casa rompeu-se com a histeria de cachorros latindo junto às cercas. Voltei depressa para minha fortaleza. Até quando?

A vida em quarentena e o Zoom*

Mis Penseryos sovre el comporto de las personas.

Ay kaji tres mezes ke estamos enkarcelados em muestra kasas a kavsa de este vírus "Corona" ke ya mos kito la gana de bivir. Las personas keren socializarsen, avlar kon una amiga, bever, un kafiko, kaminar en el bodre de la mar para tomar un poko de ayre limpyo i respirar el oksigen.

No esta abastando solo hablar kon telefono, kale estar uno en frente del outro, mirar a los ojos, ver la ekspresyon del den frente kuando estamos avlando y muchas otras kosas.

Enfin, en estes tres mezes mozotros los ke tenemos de 60 anyos para arriva, no kero dizir aedados porke no lo somos, nos izimos veramente muy teknolojikos. Estamos koryendo de detrás los mansevos ke no tyenen pasensya ni de avlar, para ambezarmos kozas muevas em el kompyuter

---

* Texto em ladino extraído do jornal *Shalom*, de Istambul, 10 jun. 2020.

Agora lo ke es moderno es el "ZOOM" ke se esta entrando kon un numero y se esta pudyendo ver 25 personas em una pajina i mas de 100 personas em todo.

Indicações para leitura: o "K" corresponde a "C"; *kito* = tirou; *kafiko* = café; *avlar* = falar; *bodre* = beira; *kale* = é preciso; *para arriva* = para cima; *aedados* = idosos; *mansevos* = rapazes; *ambezarmos* = aprendermos.

Diário não diário
(17 de junho de 2020)

Dez anos da morte de Cynira. Me custa escrever. Não é que tenha esperanças de um retorno. Ninguém volta, não há exceções. Mas, ao escrever a "morte de Cynira", sinto um arrepio, como se colocasse um prego num caixão imaginário.

Vou ao cemitério, em companhia apenas do Tanganika, meu motorista bissexto. Dia de céu limpo e de trânsito ralo. À entrada, compro flores em quantidade, escolhendo as mais resistentes, porque a época é de seca. O cemitério está quase vazio, pois, neste tempo de pandemia, quase ninguém se arrisca a visitá-lo. Pergunto ao Alex — funcionário que cuida da lápide familiar — se o movimento aumentou muito, e ele me diz que, nas primeiras semanas da peste, houve um aumento dos enterros, mas agora tudo voltou ao normal.

Tanganika, que sempre gostou da Cynira, pelo trato dispensado e pela prodigalidade, faz um arranjo em torno da lápide. Ela está bem limpa e afasta qualquer sensação de abandono. Brilha pois, atravessando os anos, o brilho do bronze. *Hasta siempre,* Cynira, ou melhor, *hasta pronto.*

Facções diante do vírus
(novembro de 2020)

Estou convencido de que o corona é um vírus vermelho. Sim, porque, entre outras tragédias, ele se propõe a provocar dissensões e mesmo a destruir a família — célula *mater* da sociedade.

Esse propósito se evidencia na formação de facções divergentes acerca de que medidas — ou nenhuma medida — devemos tomar para enfrentar a pandemia. Há três facções básicas: a dos ortodoxos, a dos liberais e a dos negacionistas. Os integrantes das duas primeiras facções podem passar de uma para outra, podem ter matizes, na medida das experiências vividas e do correr do tempo, neste último caso dado o cansaço decorrente do isolamento sem data para terminar. Os negacionistas não mudam de posição porque estão acima do pensamento lógico, imbuídos de uma fé delirante, daquelas que se imobilizam num ponto e não removem montanhas.

Os ortodoxos se encharcam de álcool em gel, limpam obsessivamente móveis e maçanetas, trocam de sapatos, cronometram a lavagem das mãos, medem a distância no contato com possíveis infectados, submetem jornais e pacotes a uma desinfecção exemplar, usam máscaras até para dormir.

Os liberais não se aglomeram, mas se reúnem com uns poucos amigos ou amigas, abraçam-se e beijam-se, sem perguntar-lhes por onde andaram. Esquecem-se de lavar as mãos e não se preocupam com isso, usam máscara de vez em quando, e gostam de fazer preleções sobre a relatividade do perigo.

Há também os irresponsáveis, em grande número, que desdenham de qualquer precaução, por ignorância, machismo, incentivo governamental ou confiança na sorte, do tipo "comigo não vai acontecer nada".

Daí se insinua o pensamento: quem sabe o vírus não é tão demoníaco assim, quem sabe tem horas que ele dorme e é possível andar um pouco por aí antes que o encarceramento provoque outros males. Além disso, o cansaço provoca um desafio. Se todos vamos morrer (apud o Capitão), vamos nos divertir enquanto é tempo, beber até cair no chão, nos aglomerar nas baladas ou nas praias. Alguns dias depois dessas façanhas, as mortes crescem, mas que importa, se estamos vivos, se somos maioria, dizem os predestinados sobreviventes.

Eu oscilo entre os ortodoxos e os liberais, consciente dos perigos, agravados por pertencer ao grupo de risco. No começo da pandemia, algumas pessoas à minha volta adotaram medidas muito rigorosas de combate, pois não se tinha uma ideia clara de como o vírus se propagava. Adotei naquela altura uma atitude de certa displicência, negando-me a aceitar que a tragédia fosse mesmo uma tragédia. A atitude absurda dos personagens no poder facilitou a minha aceitação de que a realidade era dramática. Passei então a obedecer às medidas restritivas, tratando de evitar certas obsessões. O preço do isolamento vem sendo alto, principalmente pela perda de contatos pessoais com amigos e amigas pelos quais tenho muito carinho, e também pela interrupção que se alonga dos pequenos prazeres cotidianos: restaurantes, cinemas, pôquer, pequenas viagens. Em resumo, optei pela facção dos respeitadores do vírus, sem me converter num fanático.

Futebol e pandemia
(dezembro de 2020)

Desde setembro de 2020, como se sabe, os jogos de futebol voltaram a se realizar, mas com ausência de torcida. Apesar desse limite, foi um sopro de bom vento, aliviando o tédio de uma quarentena difícil.

Mas é evidente que, na transmissão das partidas, falta alguma coisa. As televisões fizeram o possível para amenizar a estranheza. Puseram bonecos torcedores em uma parte dos estádios, criaram ruídos que acompanham momentos mais dramáticos do jogo. Entretanto, nada disso pode compensar a ausência do torcedor, um ser apaixonado que é bem mais do que um coro desordenado do espetáculo.

Para começar, por que torcer para um clube de futebol? Por que ser convictamente corintiano e não são-paulino ou vice-versa? Por que agir como se seu time representasse o bem supremo, apesar dos cartolas incompetentes e/ou safados, dos empresários querendo fazer com que jogadores circulem pelo maior número de clubes, e outras mazelas mais?

A família é parte da explicação. Há pais — ou quem sabe mães — que colocam na porta do quarto do recém-nascido, filho ou filha, uma camiseta minúscula de seu time. Cheguei até mesmo a ver, em certa ocasião, uma carteirinha de sócio de um clube, em nome do festejado rebento. Nessa adesão familiar, sem margem de escolha, há sempre o risco de se embarcar numa canoa furada. Tenho um amigo que, por influência do avô, desde menino é — ou foi, o sofrimento tem limites — torcedor da Portuguesa de Desportos, que amarga há muitos anos sua profunda decadência. E há também o reverso da medalha — o dos filhos que torcem para um time rival daquele de preferência do pai como expressão de sua independência, ou para fugir à tristeza, quando o time paterno vai mal das pernas.

Mas, obviamente, as escolhas não se reduzem ao universo familiar. No meu caso, por exemplo, ninguém em casa, entre os mais velhos, se interessava por futebol. Pelo contrário, detestavam o esporte bretão, pela tensão que os jogos provocavam entre os mais novos, ou simplesmente porque achavam esquisitas, como era o caso de meu tio Paisico, aquelas cenas em que "pretos e brancos corriam atrás de uma bola".

Comecei a torcer pelo Corinthians aos onze anos, a partir das fotografias do time estampadas nos jornais e num caderno escolar, saudando o campeão paulista de 1941. Mas por que persisti na paixão pela vida afora? Creio que o principal fator foi a possibilidade de imergir numa esfera da fantasia em que a razão não prevalece, como opção para quem, ilusoriamente, buscou a racionalidade ao longo da vida.

Nos últimos anos, o futebol profissional deixou de ser um esporte e se transformou em espetáculo de massas — um negócio em que o dinheiro corre em cifras astronômicas e em que dão as cartas patrocinadores de equipes, como príncipes árabes, oligarcas russos, corporações de grande porte.

Essa transformação não parece ter diminuído a paixão das torcidas, e não é o caso de ser saudosista. Se no passado havia amor à camisa, estou convencido de que hoje os bons jogos superam os de tempos passados, seja em termos de preparo físico dos jogadores, seja em termos de qualidade técnica.

O torcedor resistiu aos aspectos negativos da mercantilização, entre os quais dois se destacam. Em primeiro lugar, a poluição das camisas dos jogadores, o tal de "manto sagrado". As camisas sempre tiveram um significado especial, a ponto de se identificar, entre as várias utilizadas por um grande clube, as que dão sorte e as que dão azar. Nos tempos que correm, espaços de propaganda na camisa dos grandes clubes do mundo chegam a valer milhões.

O segundo exemplo consiste na rotatividade dos jogadores, incentivada por seus empresários. É difícil encontrar alguém que, por sua longa permanência, simbolize um clube. Por exemplo, Pelé se associa ao Santos, a ponto de haver uma "geração Pelé"; José Augusto Brandão, o gigante cor de ébano de tempos remotos, lembra o Corinthians; José Carlos Bauer, com sua classe e elegância, fala do São Paulo; Ademir da Guia representa o Palmeiras da Academia; Zico, o galinho de Quintino, significa Flamengo; Garrincha lembra, melancolicamente, o Botafogo de tempos de nunca mais. Hoje, chega a ser quase impossível imaginar que um jogador como Pelé tenha passado quase toda sua vida esportiva como profissional do Santos, sem ser arrebatado por um clube europeu com a oferta de uma quantia irrecusável.

Mas por que o futebol como espetáculo se estendeu a quase todo o mundo, com poucas exceções, sendo a mais importante a dos Estados Unidos? Muitos especialistas têm afirmado que uma das principais razões é o fato de as regras do esporte bretão serem simples e facilmente compreensíveis. Tenho lá minhas dúvidas. Exemplificando, as regras do pênalti e do impedimento são simples só na aparência, como bem sabem os árbitros. Além disso, o público desconhece muitas regras, mesmo que tenha assistido a jogos por anos e anos. Quantos torcedores sabem que não há impedimento quando o jogador recebe uma bola proveniente de arremesso lateral?

O pênalti é fonte de infindáveis discussões. Intencionalidade ou não, traduzida na linguagem dos boleiros em bola na mão ou mão na bola, é uma alternativa árdua a ser decidida em poucos segundos. Como nessa matéria a Fifa resolveu inovar, como perceber, em certos casos, se o jogador tem os braços alongados ao longo do corpo quando uma bola toca em um deles? A postura se torna tão complicada que alguns defensores dão a impressão de sonhar em ter os braços provisoriamente amputados quando algum atacante adversário entra na área.

E o que dizer então do avanço tecnológico resultante da introdução do VAR? As resistências, as muitas dúvidas seriam um atraso de quem sempre viveu num mundo analógico? A resposta não é simples. Para começar, a suspensão do grito de gol, ou o grito meio tímido, à espera da confirmação, tira muito da graça desse momento de êxtase de uma partida. Particularmente no caso do Brasil, onde os árbitros parecem ter se tornado escravos da tecnologia, dependendo dela a cada passo. Além disso, não fosse este país como é, os próprios homens que controlam o VAR passaram a ser objeto de suspeita, e se fala abertamente de um "jogador" vital dos grandes clubes: o VAR-amigo. Seja como for, a precisão do VAR nem sempre se casa com as emoções do futebol. Por exemplo, é revoltante ver um gol anulado, na sequência de lances bem tramados, porque um atacante, por meia chuteira ou meia barriga, é pilhado em impedimento. Mesmo assim, usado com parcimônia, o VAR pode desfazer dúvidas em lances intrincados, desde que, como as bebidas alcoólicas, seja usado com moderação.

Mais dia menos dia, o torcedor será autorizado a voltar aos estádios de futebol. Na Europa, a volta gradativa foi adiada pela segunda onda do coronavírus que se abateu sobre o continente. Posso estar enganado, mas prevejo um enorme entusiasmo por ocasião do retorno. A torcida fake, os bonecos nas arquibancadas darão lugar a torcedores de carne e osso que estão há meses e meses à espera de ter um contato de verdade com o futebol. Basta lembrar esses tresloucados que hoje se arriscam em ajuntamentos do lado de fora dos estádios para de alguma maneira participar de um jogo, com suas bandeiras, gritos e rojões.

Num mundo em que o nexo monetário está presente em quase todas as relações sociais, a paixão desinteressada do torcedor é uma joia rara. É certo que muitas pessoas se dedicam ao trabalho voluntário, mas essa nobre atividade tem um objetivo racional definido.

Já a paixão do torcedor se aproxima da paixão dos amorosos, com a diferença que ela tende a durar até a morte.

Alegrias (ou tristezas) não pagam dívidas

Fim de semana feliz, esse de 7/8 de novembro de 2020. Não por uma possível comemoração da Revolução Russa de Outubro de 1917, ainda santificada por alguns e exposta à execração pública por muitos outros.

A felicidade deriva de dois acontecimentos de alcance diverso. O primeiro deles foi a vitória de Joe Biden, com ressonância em todo o mundo. O segundo, na vida privada, foi a retomada dos encontros de domingo, que têm como ponto alto o pôquer, suspensos desde março de 2020, por força da pandemia. Pena que a retomada foi o sonho de uma noite de verão, porque durou só aquele dia.

O anfitrião desdobrou-se numa calorosa acolhida, expressa nos abraços e na variedade de uma excelente cozinha. O jogo correu amistoso como sempre, com exceção do acerto de contas. Ganhei um pouco, mas me vi obrigado a sacar algumas notas em pagamento. Como assim? Um dos parceiros, o mais famoso, abriu a carteira para presumivelmente me pagar o que perdera, mas, com ar de surpresa, exibiu um cheque por mim assinado, do mês de março, em valor acima do que ganhei. Protestei, chamei o parceiro de mau ator, aludi à prescrição da dívida, mas não houve jeito. Perdi, ganhando. Melhor esquecer.

O pátio andaluz

Isolado em seu escritório por força da pandemia, o vetusto professor teve muito tempo para prestar atenção nos objetos da sala. A perna quebrada de um boneco; o gato de gesso que o mirava, querendo iniciar uma conversa; livros que não se lembrava de ter lido, mas anotados a lápis com muito cuidado. Numa inútil enciclopédia, encontrou uma nota em papel-moeda de marcos alemães, cujo valor de face fora varrido pela inflação; páginas adiante, um cartão-postal que atravessara os tempos da belle époque, exibindo o corpo posado de uma mulher de carnes abundantes para o gosto de nossa época.

Certa noite, sentado diante de sua mesa de trabalho, o professor observou, ao girar a cabeça para um dos lados da parede, que ela simplesmente desaparecera. Em seu lugar, desenhara-se uma cortina rendada e, atrás da cortina, abria-se um túnel luminoso, que desembocava num pátio de estilo andaluz. Ele chegou a ouvir o manso ruído da água lançada por um chafariz; imaginou as variadas cores das plantas nos pequenos vasos, os azulejos que cobriam à meia altura as quatro paredes do pátio, mas não conseguiu prosseguir na viagem porque sua cabeça se movera imperceptivelmente e o levara de volta à sala.

Insistiu muitas vezes na experiência, sempre com o mesmo resultado, até que um dia obedeceu a um impulso para seguir adiante. Levantou-se, abriu a cortina rendada, firmou a cabeça num ponto certo e lançou-se no túnel à sua frente.

De manhã, ao abrir a porta do escritório, sua cuidadora constatou que ali nada estava fora do lugar e não havia ninguém. Nunca se encontrou o professor e menos ainda foi possível saber se ele chegara ao pátio andaluz ou se mergulhara numa eterna escuridão.

Verba volant

As expressões e as palavras voam e sofrem mutações como os vírus e os humanos. Em outros tempos, a expressão "passe bem" era de uso corrente. Por exemplo, muitos comerciantes, quando acompanhavam até a saída seus melhores fregueses, a utilizavam como um cumprimento a um tempo respeitoso e distante.

A frase se tornou obsoleta, mas penso que pode ser recuperada com outro sentido. "Passe bem" lembra "passagem" e "passagem" lembra, delicadamente, a morte. A propósito, vi na TV um apresentador que, ao fazer elogios a determinada pessoa, esclareceu:

— Ele já fez a passagem.

Gostei muito da expressão porque ela minora a passividade atribuída ao morto. Supostamente, o falecido se deixa levar, apertado num caixão, em companhia de flores que ele não escolheu. Quando se diz "ele já fez a passagem", o objeto se transforma em sujeito e comanda a transição. Como o sujeito em princípio tem vida, ele pode num velório pular para fora do caixão, aterrorizando os presentes. Impossível? Pois isso já aconteceu, e mais de uma vez.

Cemitério

Ao folhear as páginas do *Brilho do bronze*, me surpreendi com a frequência com que o tema do cemitério aparece no livro. A surpresa não tinha razão de ser, mas ela me permitiu constatar os efeitos da passagem do tempo. Nos anos seguintes à morte da Cynira, fui inúmeras vezes ao cemitério para me sentir mais próximo dela e para encontrar gente que, como eu, chorava seus mortos.

Com o correr dos anos, as visitas já não me causam tanto impacto. Mantenho-as sem rigor de datas, cuido da lápide, levo flores, mas a memória da Cynira deslocou-se para outras paragens, paragens de sonhos, onde ela aparece ora forte e determinada, ora frágil e doente, e eu, alternadamente, me irrito ou trato de protegê-la.

Às vezes, as visitas se assemelham ao cumprimento de uma obrigação burocrática. Nessas ocasiões, o sentimento de culpa aflora. Outras vezes, sinto tal horror ao encarar um espaço reservado para meu nome na lápide familiar que passo algum tempo sem ir ao cemitério.

Túmulos e lápides

Resolvi assumir a iniciativa da compra dos túmulos do Cemitério Israelita da Vila Mariana, onde se encontram enterrados os restos mortais de meus avós, minha mãe e um de meus tios. Um cuidado que se explica facilmente, pois a natureza impõe um limite cada vez mais curto a minha passagem por este mundo. No acerto da compra, conversei com uma senhora encarregada da manutenção dos jazigos e lhe disse que, após sensações penosas nos tempos da infância, hoje me sentia em paz ao visitar o cemitério. Era um bom momento para ela me informar que restara um último lugar vago e me sugerir sua compra para meu uso, "daqui a muito tempo, naturalmente".

Por um instante, balancei. O contraste entre os túmulos discretos, mas diferentes entre si, do Cemitério da Vila Mariana e as lápides uniformes do Cemitério do Morumby me pareceu pender em favor do primeiro. Além disso, eu me reuniria a quase todos os meus antepassados e até a alguns membros da comunidade que me eram simpáticos. Foi só um instante. Admiro muito o cemitério da Vila Mariana, com seu ar de museu a céu aberto, mas em questão de minutos, uma sensação de abandono substituiu a atração por ali ficar, ao perceber que estaria isolado naquele local. A morte dos antepassados já era distante e, quem sabe, talvez eles nem me reconhecessem quando lá chegasse.

Poetas portuguesas

Passeios ao acaso pela internet. Num deles, dei com poetas portuguesas por mim pouco conhecidas. Mea-culpa. Lembro, por razões bem diversas, duas delas: Sophia de Mello Breyner Andresen e Florbela Espanca.

Elas tiveram histórias de vida opostas, em muitos aspectos. Sophia, descendente de belgas e dinamarqueses, pertenceu a uma família aristocrática, como seu extenso nome anuncia, viveu uma longa existência e alcançou amplo reconhecimento, sendo a primeira mulher a receber o Prêmio Camões. Numa foto, surge seu belo rosto, olhos brilhantes, sorriso aberto, sem que se possa ver seus cabelos, cobertos por um grande chapéu que imagino ser da última moda.

Li alguns poemas de sua extensa obra e me identifiquei com um desejo, expresso num haicai:

Inscrição

Quando eu morrer voltarei para buscar
os instantes que não vivi junto do mar.

Florbela Espanca era filha ilegítima de uma empregada doméstica, Antónia Conceição Lobo, e de seu patrão, João Maria Espanca. Casou-se três vezes, viveu pouco e escreveu muito. Poesias de qualidade, marcadas pela tristeza, amores não correspondidos, falta de sentido de quase tudo à sua volta. Suicidou-se, ingerindo barbitúricos, aos 36 anos. Ao que parece, planejou sua morte, ao escrever, a partir de janeiro de 1930, um diário intitulado *Diário do último ano*. Sua foto revela uma jovem bonita, de olhos tristes, mecha ondulada de cabelo caindo sobre os olhos.

Uma curiosidade me liga a Florbela. Nascemos no mesmo dia e mês, em 8 de dezembro. E, como ela escolheu seu aniversário como dia de sua morte, morreu quando eu nasci — 8 de dezembro de 1930. Pretensiosamente, busquei em seus versos um recado pessoal, que fosse além de uma curiosa coincidência, mas nada encontrei. Ou melhor, encontrei seus versos, o que me bastou.

Criminosos de guerra
(25 de janeiro de 2021)

Após o término da Segunda Guerra Mundial, o jornalista David Nasser, que escrevia na revista *O Cruzeiro*, publicou uma série de artigos semanais com o título de "Falta alguém em Nuremberg". O título se referia a personagens de colarinho-branco destas plagas que, por delitos de assalto aos cofres públicos, deveriam sentar-se no banco dos réus perante o tribunal que julgava as atrocidades dos figurões nazistas.

Tão logo a pandemia se tornou realidade no Brasil, vários comunicadores usaram a metáfora da guerra para enfatizar a gravidade da situação e a necessidade de enfrentá-la com todos os recursos disponíveis. Agora, passado quase um ano, depois de milhares de mortes e outros desdobramentos, percebemos que o vírus não é um criminoso de guerra, até porque ele não tem consciência do que faz. Mas nesta batalha há, sim, criminosos de guerra, implacáveis e conscientes do que estão fazendo. Irão um dia enfrentar um Tribunal de Nuremberg? Duvido. A história e a justiça não se dão muito bem.

Pensata na quarentena

(2021, em algum dia de fevereiro). O Comitê de Imprensa que faz a contagem das vítimas fatais do vírus informa: "Atingimos o número de 240 mil mortos no Brasil".

Conselho de Olavo Bilac, príncipe dos poetas brasileiros, no poema "A Pátria":

Ama, com fé e orgulho, a terra em que nasceste!
Criança! não verás nenhum país como este!
Olha que céu! que mar! que rios! que floresta!

Um título

O cientista político Jairo Nicolau publicou em 2020 um livro com o título de *O Brasil dobrou à direita*. Fico pensando. Quando ele poderá aproveitar esse título num outro livro, tirando apenas a crase?

O que é coesão?

Um ruído insuportável de motocicletas, com o escapamento aberto, quebrava o silêncio de um sábado de manhã na avenida Afrânio Peixoto, que começa com o nome de Waldemar Ferreira, e vai desembocar no portão principal da USP.

Sérgio veio visitar o pai "encarcerado" e, como não abre mão da circulação de ar, tentou iniciar a conversa num espaço aberto de minha casa, que fica bem próxima da avenida. O ruído das motos impediu nosso diálogo, tanto mais que meu filho não abandona a máscara. Ir para dentro de casa, nem pensar.

Diante do impasse, ele sugere:

— Que tal ligar para o 190 da prefeitura?

Respondo com o justificado ceticismo que sempre acompanha o cidadão desta República, ao pedir ajuda do poder público:

— Será que vale a pena? Vão me fazer esperar por infinitos minutos, para afinal ouvir uma voz gravada que me ordenará apertar 1 — para bueiros entupidos; 2 — para problemas com galhos de árvores; 3 — para falta de iluminação e assim por diante, sem que exista o botão específico para minha queixa, talvez considerada irrelevante.

— Não custa tentar — diz o Sérgio.

Tento, e para minha surpresa sou prontamente atendido por uma pessoa do outro lado da linha.

— Está acontecendo isto e isto na avenida bem próxima à minha rua. É possível me atender?

— Claro — diz o funcionário —, basta me dar a localização.

— É em todo o curso da avenida Waldemar Ferreira, começando nas imediações da Vital Brasil até o portão principal da USP.

Até esse momento tudo ia bem, porém a normalidade se impôs:

— Sim, entendo sua descrição, mas eu preciso também de um número da avenida.

— Não tenho como dar um número, não é um problema localizado numa casa.

— Ah, assim não dá — responde o diligente servidor. — Vou ser obrigado a recusar seu pedido por falta de coesão.

Me contenho, "segure a raiva", digo para mim mesmo, e, antes de desligar, pondero:

— Seu conceito de coesão é diverso do meu, não dá para conciliar, passe bem.

Noventa anos

A partir dos cinquenta anos, adotei uma tática para contornar a passagem do tempo: tomar como base o limite de cinco anos, ou seja, ter como meta chegar aos 55, depois aos sessenta, e assim por diante. Mas agora, o plano seria muito ambicioso e certamente angustiante. No melhor estilo leninista, me pergunto: Que fazer? Esquecer a medição? Esquecer o tempo e sua passagem, fazendo de conta que ele não passa porque não existe?

Entre as alternativas cogitadas, pensei em abandonar o calendário e optar por outro instrumento de medição: a régua. Avançar centímetro a centímetro é o que convém agora. O marco do tempo era atraente, mas resolvi abandoná-lo por outro mais ambicioso, apesar de incerto. Fixar um dia, no começo de outubro de 2022, quando um candidato de oposição derrotaria — assim espero — o capitão Bolsonaro. Eu seria invadido por uma alegria imensa, e faria a passagem bem feliz.

Outros noventa anos

Esses "outros noventa" são de Augusto de Campos, poeta, tradutor, nem sei quantas coisas mais, que recebeu justíssimas homenagens a propósito de seu aniversário. Porém, faltou algo. Fui colega de Augusto no curso clássico do Colégio São Bento, há mais de setenta anos. Publicávamos um pequeno jornal chamado *O Centro*, órgão do Centro Literário de São Bento. Nele, meu colega e amigo publicou um poema chamado "Ode ao lápis", que não vi sequer citado nas inúmeras matérias publicadas por ocasião do aniversário. Em todo caso, na época, um frade beneditino teve o cuidado de dedicar uma frase aos versos augustianos: "um poeta promissor à procura de um assunto". O que diria hoje o prestimoso frei, se vivo estivesse?

Pais e filhos

Sempre tive presente a diferença de idade entre mim e os meus filhos, em diferentes momentos da vida. Quando pequenos, tratei de protegê-los e de inventar brincadeiras que provocassem gargalhadas; na adolescência, tentei influir na escolha de uma carreira que evitasse, por razões distintas, a história e o direito. Depois, fui influenciando cada vez menos suas vidas até chegar à fase da maturidade deles e da minha velhice, em que busco e recebo proteção.

Ao longo dos anos, percebi com clareza a gradativa mudança de posição, mas nunca me dei conta de um ângulo peculiar da diferença de idade. Se tudo correr dentro das expectativas, meus filhos viverão uns trinta ou mais anos, após a minha morte. Isso significa que eles verão a saída de Bolsonaro do governo (Deus haja!), sua decrepitude e quem sabe sua morte. Mas esses fatos não serviriam para recuperar a terra onde tudo dava, convertida em terra arrasada. O que irá suceder, ao longo dos anos, de bom ou de pior ainda? Não sei.

Sei apenas como reajo diante dos acontecimentos que Cynira, meus irmãos e meus ancestrais não chegaram a assistir. Quando acontecem coisas boas, lamento que eles não estejam neste mundo. Me consolo quando se dá o contrário, como acontece com frequência, pensando que pelo menos eles não viveram coisas tão tristes. O Capitão no governo, as queimadas, a mudança climática em ritmo acelerado, o mundo plano, os indígenas perseguidos, a cultura sucateada, a irresponsabilidade criminosa diante da epidemia.

A moça dos cabelos negros

Esperei-a sentado a uma mesa do La Frontera, um simpático restaurante argentino que a Covid-19 matou. Ela apareceu, como eu imaginava, jovem, cabelos negros escorrendo pelo corpo, bonita. É difícil não ser bonita ou bonito quando se tem 25 anos.

Não era um caso de paixão na velhice, advirto desde logo, mesmo ao lembrar o início de "Campo de flores", um poema de Drummond: "Deus me deu um amor no tempo da madureza/ quando os frutos ou não são colhidos ou sabem a verme/ Deus — ou foi talvez o Diabo — deu-me este amor maduro/ e a um e outro agradeço, pois que tenho um amor".

Como encontrei a moça? É simples. Depois da publicação do *Brilho do bronze*, recebi vários e-mails de jovens e senhoras que, aliás, me deixaram muito contente; entre eles o da jovem que me pareceu compreender em profundidade o sentido das minhas doridas ou irônicas linhas.

Me atrevi a convidá-la para almoçar, e lá estávamos nós, um diante do outro. Depois de alguns minutos de embaraço, a moça assumiu a conversa. Disse que fizera o curso de ciências sociais na Filosofia da USP e pensara em realizar o mestrado, escolhendo um tema específico sobre a violência urbana. Mas seu desejo não se realizara, pois tinha de sustentar-se e não tivera coragem de largar um emprego interessante.

O almoço correu, a conversa fluiu e, quase à saída, perguntei à jovem onde ela morava, pensando em lhe dar uma carona.

— Não, não — ela me respondeu —, eu moro na zona leste e pelo metrô chego mais depressa.

Arrisquei uma observação, solta no ar:

— Então você deve ser corintiana.

— Claro, eu, meu pai, meus irmãos, toda a família. Por isso eu gosto de todo o seu livro, mesmo dos trechos sobre futebol, que a maioria das mulheres costuma pular. Você vai muito ao Itaquerão?

Respondi que não conhecia o estádio, e ela, surpresa, lamentou:

— Não é possível! Vamos marcar um dia com uma amiga fanática e ir os três num jogo de pouca torcida, porque com muita gente fica meio pesado.

Achei o convite maravilhoso, embora tivesse restrições aos cuidados seja em razão de minha idade, seja pelo fato de que estádio cheio é parte importante de um espetáculo.

Passaram-se semanas, e nada de contato. Não era motivo de decepção — pensei. Afinal, a torcida corintiana sempre lotava o Itaquerão e era preciso aguardar um jogo em que o estádio estivesse meio vazio. As semanas se transformaram em meses, o estádio preencheu o requisito do convite, e nada. Tive vontade de tomar uma iniciativa, mas o medo do ridículo, que sempre me acompanha, me fez desistir.

Hoje, não me lembro do nome da moça, nem dos traços de seu rosto. Lembro-me apenas dos cabelos negros que desciam escorrendo pelo corpo e do poema de Drummond.

Imortalidade

Não sei se foi um pressentimento ou uma mensagem. O fato é que, de uma forma ou de outra, incorporei uma certeza: eu morreria naquele dia, precisamente às 10h05 da noite.

Como eram oito horas de uma manhã de sol, tinha pela frente algum tempo que deveria ser bem aproveitado, seja simplesmente para dormir — preparação para a morte anunciada —, seja com o que me viesse à cabeça. Nenhuma angústia. Ao contrário, a vida se tornara simples, sintética. Qualquer sentimento que expressasse, qualquer ação que empreendesse, qualquer notícia inesperada que surgisse tinha prazo de validade. Tudo deixara de ser comigo e aquelas horas à frente eram horas de absoluta liberdade. Dormir seria uma possibilidade atraente, pois mesmo que se esboçassem sonhos, eu poderia eliminá-los. Nada da disputa inútil em busca de um táxi para voltar a casa, na cidade sombria e chuvosa. Nada de atravessar penosamente ruas bloqueadas por uma espessa lama, com o mesmo objetivo. Nada de vagar por uma cidade desconhecida, em que existia um bairro secreto de casas ancestrais, onde eu caminhava encantado.

Perdi a memória do que fiz naquelas horas que precediam o momento fatídico. Dormi quase o tempo todo? Fui procurar uma namorada de cinquenta anos atrás e, ao vê-la, fiquei tão aterrorizado quanto ela, como no tango imortal "Volvió una noche", de Le Pera e Gardel?

O pressentimento ou mensagem não se limitava a fixar a hora inexorável, pois acrescentava a descrição da cena: "22 horas — Toca a campainha de casa. Aparentemente, é um simples entregador de encomendas. Entregador sim, embora, como entregador da morte, seja um personagem especial. Abro a porta e, de chofre, recebo dois tiros no peito, caindo atravessado na calçada. Gritos, um médico das redondezas acode, sem mais sou declarado morto, ainda sem certidão e sem sepultura". A cena final será assim?

O certo é que agora estou em casa e os ponteiros do relógio engolem o tempo. São 22 horas e, como previsto, a campainha toca. Abro a porta sem maiores cuidados e vejo o entregador de morte. Num impulso, tento fugir ao determinismo de muitas e muitas histórias com enredos diferentes, mas com o mesmo recado: o ser humano chamado a outras esferas, com notificação prévia, lança mão de todos os recursos para não ser alcançado, e sempre fracassa.

Vai acontecer mais um fracasso? Uma pistola brilha no escuro da rua. Antes que o sinistro personagem atire, torço-lhe o braço, arranco-lhe a arma da mão e, com ela, disparo um tiro certeiro em seu peito. O sangue esguicha, o disfarce de entregador se desfaz, como se fosse um boneco de papel machê. É a própria morte quem tomba, a caveira com os dentes de fora, os buracos dos olhos vazios, a foice enferrujada pelo uso.

Pela rua, vem descendo um caminhão de lixo. Um lixeiro pula do carro ainda em andamento e se aproxima do vulto estendido na rua.

— Recolho?

Digo que sim. E lá vai o cadáver da morte, girando no meio de papéis lambuzados de chocolate, de recibos rasgados, de cartas que ficaram a meio caminho e nunca foram enviadas.

Antes de partir, o lixeiro me perguntou:

— O que aconteceu?

— Matei a morte.

Ele concluiu:

— Fez muito bem.

Agradecimentos

A Carlos e Felipe Fausto, pela inestimável colaboração na feitura do livro.

A Janice Theodoro da Silva, por ressaltar os contornos da tribo.

A Lilia Schwarcz e Otavio Marques da Costa, pela leitura e pela edição cuidadosas.

ESTA OBRA FOI COMPOSTA POR ACOMTE EM MINION E IMPRESSA
PELA GRÁFICA BARTIRA EM OFSETE SOBRE PAPEL PÓLEN SOFT DA SUZANO S.A.
PARA A EDITORA SCHWARCZ EM SETEMBRO DE 2021

A marca FSC® é a garantia de que a madeira utilizada na fabricação do papel deste livro provém de florestas que foram gerenciadas de maneira ambientalmente correta, socialmente justa e economicamente viável, além de outras fontes de origem controlada.